메신저가 온다

메신저가 온다

초판 1쇄 인쇄 _ 2021년 10월 5일
초판 1쇄 발행 _ 2021년 10월 10일

지은이 _ 박현근

펴낸곳 _ 바이북스
펴낸이 _ 윤옥초
책임 편집 _ 김태윤
책임 디자인 _ 이민영

ISBN _ 979-11-5877-268-0 03190

등록 _ 2005. 7. 12 | 제 313-2005-000148호

서울시 영등포구 선유로49길 23 아이에스비즈타워2차 1005호
편집 02)333-0812 | 마케팅 02)333-9918 | 팩스 02)333-9960
이메일 postmaster@bybooks.co.kr
홈페이지 www.bybooks.co.kr

책값은 뒤표지에 있습니다.
책으로 아름다운 세상을 만듭니다. — 바이북스

미래를 함께 꿈꿀 작가님의 참신한 아이디어나 원고를 기다립니다.
이메일로 접수한 원고는 검토 후 연락드리겠습니다.

경험이 콘텐츠가 되는 세상

박현근 지음

바이북스
ByBooks

메신저로 살고 있다. 24시간이 모자랄 정도다. 평생회원들을 상대로 일대일 코칭을 진행하고, 지역별 오프라인 모임에 참가하며, 주 3~4회 온라인 강의를 한다. 함께하는 분들에게 강의할 장(場)을 만들어 성장의 기회를 준다. 요즘은 꽤 많은 시간을 영어 학습에 투자하고 있다. 독서와 글쓰기도 빠트리지 않는다. 내게 필요하다고 판단되면 망설임 없이 강의를 듣기도 한다.

현재 내가 직접 운영하는 온라인 채팅방은 모두 합쳐 3,000명이 넘게 모여 있다. 이들과 함께 매일 소통하고, 조언을 구하는 이들에게 나의 경험과 노하우를 아낌없이 나눈다.

숨 쉴 틈조차 없는 일상이지만, 때로는 나만의 여유와 휴식을 취하기 위해 멀리 교외로 혹은 해외로 여행을 떠나기도 한다. 일과 휴식 사이 적절한 균형을 유지하고, 늘 초심을 잃지 않도록 스스로 채찍질한다. 이러한 삶을 누릴 수 있는 배경에는 웬만한 직장인 연봉 수준의 월 소득도 단단히 한몫하고 있다.

고등학교 중퇴. 강남 배달부 생활 10년.

가진 것도 없었고 능력이나 학벌도 시원찮았던, 그래서 초라하고 형편없는 인생 끝내버리고 싶다는 충동까지 가졌던 바닥에서의 삶이 바로 나의 과거다. 전하고 싶었다. 나누고 싶었다. 이제 내게는 불가능이나 어렵고 힘들다는 말이 통하지 않는다. 누가 봐도 불가능할 것 같았던 내 삶의 변화가 이토록 단시간에 이루어진 것이 그 증거다. 코칭을 하다 보면, 지식이나 방법을 몰라서 고민하는 경우는 찾기 힘들다. 꽤 많은 사람이 스스로 '성공하지 못할 것'이라는 믿음을 갖고 있다는 사실에 놀라지 않을 수 없었다. 자신이 만든 벽 앞에서 한없이 '작은 삶'을 살고 있다는 말이다.

어떠한 조건이나 배경 없이 오직 자신만의 힘으로 일어설 수 있는 세상이다. 개인의 경험을 바탕으로 콘텐츠를 만들고, 책을 써서 신뢰를 구축하고, SNS를 통해 모임과 강연을 펼치고, 도움이 필요한 이들에게 나의 이야기를 전한다.

내가 가진 삶의 경험을 통해 타인의 성장과 발전을 돕는 일. 이것이 바로 내가 정의하는 메신저의 삶이다.

이 책은, 누구나 메신저가 될 수 있으며, 그 과정에서 필요한 마인드와 학습 내용과 아이디어 창출에 도움 되는 이야기를 담고 있다. 모든 이야기는 나의 경험을 바탕으로 한다. 변화와 성장을 간절히 바라는 이들에게 도움 되길 바라는 마음으로 썼다. 부족한 글 솜씨 대신 진정성을 받아주는 독자가 많으면 좋겠다.

코로나 19 사태와 어려운 경제 사정, 국내외 시끌벅적한 각종 이슈. 세상은 빠르고 급하게 변하고 있다. 예전에는 상상도 못 했던 일들이 자고 나면 벌어진다. '~ 때문에'라는 말을 입에 달고 사는 사람들이 부쩍 늘었다. 힘들고 어려운 시기를 버티고 이겨낼 힘은 '내 안'에 있다는 사실을 전하고 싶었다.

나는 개인적으로 우리나라 메신저 산업이 시작조차 되지 않았다고 본다. 무한한 가능성이 있다는 뜻이다. 이 책이 독자들의 가슴에 '시작의 불꽃'을 지필 수 있기를 바라본다.

메신저를 만드는 메신저 박현근

차례

1장

메신저가 되고 싶은 당신에게

2장

메신저 초급강의

3장

실전! 메신저 노하우

4장

백만장자 메신저, 이제는 당신 차례다

5장

온라인 지식 맛집 창업 5단계 프로세스

6장

메신저의 조언 30가지

1장

메신저가 되고 싶은 당신에게

나를 묶고 있는 사슬을 끊자

편의점 앞에 놓인 간이 테이블에 큰 체격의 남자 4명이 앉아 아침 식사를 하고 있었다. 컵라면 한 개에 빵 한 개. 체격이 워낙 크다 보니, 라면과 빵이 작아 보였다. 자세히 보니 한국에 와서 힘들게 일하는 외국인 노동자였다. 번 돈을 모아 가족에게 돈을 보내려고 하는 걸까? 힘든 노동을 해야 할 텐데 저렇게 대충 끼니를 때우듯 먹어도 괜찮을까. 괜스레 걱정이 앞섰다.

불과 몇 년 전만 해도 편의점 음식은 나의 주 식사였다. 앉아서 밥을 먹어 본 적도 별로 없었다. 배달을 하나 더 가기 위해서 점심을 거르고, 편의점에서 삼각 김밥을 먹거나, 주머니에 기다란 초코바 하나 넣고 다니면서 허기를 달랬다. 추운 겨울 새벽에 우유배달을 했을 때, 편의점 피자 한 조각과 콜라 하나가 꿀맛이다. 전자레인지에 뜨겁게 데운 피자 한 조각을 호호 불어 가면서 참 맛있게도 먹었다. 추운 손을 그 피자 조각 하나에 녹이면서 먹었던 그때 그 시간을 잊을 수가 없다. 그때는 정말 돈이 없어 제대로 된 식사를 못 했기에 편의점 식사가 나에게는 만찬일 수밖에 없었다.

그때를 떠올리며 항상 감사한 마음을 잊지 않으려 한다. 그렇게 배고프고 힘든 시간이 있었기에 지금의 나의 모습이 있다고 생각하기 때문이다. 메신저의 삶을 살기로 마음먹고 시작한 모든 일상이 꿈만 같다. 하루하루 지난 일상들을 돌이켜 보니 감사할 것들뿐이다. 고등학교를 중퇴하고 배달부로 10년을 살던 내가 이제는 메신저의 삶을 산다. 나도 이렇게 새로운 삶을 살고 있는데 이 책을 읽는 당신이 못 할 이유가 있을까? 불가능하다고 부족하다고 생각한다면 단 하나의 이유가 있을 것이다. 이제부터 그 두려움을 파헤쳐 나가보자.

나를 묶고 있는 사슬을 끊자

나는 나이가 많아서, 나는 나이가 어려서, 나는 배운 거 없어서, 나는 가난해서, 나는 아파서, 나는 말라서, 나는 힘이 없어서, 나는 뚱뚱해서. 내가 하지 못하는 이유는 자신을 묶고 있는 사슬 때문이다. 그것은 바로 자신이 정한 한계이다.

우리는 내가 선택한 '나의 모습' 그대로 산다. 얼마 전 너무 괴로운 일이 있어 정말 지옥과 같은 시간을 몇 개월 동안 보냈다. 지금 돌이켜 보니 그 괴로움도 자신의 선택이었다는 것을 이제야 깨닫는다.

고등학교를 그만 두고 10년 동안 배달을 했던 것도 나 자신의 선택이었다. 더 빨리 배달 일을 그만두고 새로운 것을 하지 않았던 것도 나 자신의 선택이었다. 29살에 더는 배달원으로 살아가고 싶지 않았고, 전국을 다니는 강사가 되겠다고 결심한 것도 마찬가지다. 이제는 세계를 다니는 강사가 될 준비를 하며 많은 것들을 내려놓고 영어 공부에만 집중하는 시간을 갖는 것도 나의 선택이다.

시급 6,000원 받던 배달원 시절부터 종이에 계속 목표를 적었다. 전국을 다니는 강사가 되고 싶었고 사람들에게 선한 영향력을 미치고 싶었다. 그 꿈을 벽에 붙여 놓고 전국을 다니는 모습을 상상했고 그 결과 그 꿈이 정말 이루어지게 되었다. 이제는 전 세계를 다니는 강사가 되기를 꿈꾼다, 그래서 지금은 하루 12시간씩 영어 공부를 한다. 지금은 부족한 영어 실력이지만, 반드시 전 세계를 다니며 강의를 하는 날이 나를 기다리고 있을 것이다.

하지만 처음부터 모든 게 생각처럼 잘 된 것은 아니다. 매일 하루에 12시간씩 영어를 듣고 말하면서도 "나는 영어를 못하는 사람이야.", "나는 영어에 대한 트라우마가 있는 사람이야."라고 나 자신을, 스스로 정의한 채, 다른 사람과 비교하면서 하루하루 고통스럽게 2달이란 시간을 보냈다. 하지만 문득 그것이 내가 만들어 놓은 한계라는 점을 인식하고 내 안의 두려움을 벗어던지고 새로운 생각을 가지기로 했다.

"스티브(나의 영어 이름)는 영어 아기다. 아기처럼 말을 배워 보세요."

"내가 아닌 다른 영어를 말하는 자아가 있다고 생각해 보세요."

영어를 못하는 박현근이 아니라. 영어를 잘하는 스티브가 되기로 선택했다. 그랬더니 정말 신기하게도 영어가 재미있어졌다. 모든 것은 나의 생각의 문제였다.

우리는 항상 선택 속에서 살아간다. 힘든 것을 선택하는 것도 나의 선택이고, 좋은 것을 선택하는 것도 나의 선택이다. 결국에는 내가 선택한 모습으로 살아가는 거다. 항상 좋은 선택만을 할 수는 없다. 물론 힘든 시간도 있지만 결국 마지막에 가서 웃는 사람이 되고 싶다면 그 모든 것은 추억이 될 것이다.

청개구리 따라쟁이
박현근

나는 따라쟁이다

성공하는 사람의 습관을 무조건 따라 하는 따라쟁이다. 늘 성공한 사람들의 습관들을 연구했다. 평범한 사람이 아닌, 성공한 사람들의 수많은 책과 강연들을 들으면서 그들의 공통점을 찾을 수 있었다. 그것은 바로 독서 습관, 기록 습관, 운동 습관. 3가지 습관이었다.

"그래 나도 성공한 사람들의 습관을 따라 해서 성공한 사람이 꼭 되겠다."

결심했다. 성공한 사람들의 습관을 따라 하기 위해 노력했다. 성공한 사람들은 발자국을 남긴다고 했다. 난 그들의 발자취를 따라 걷는 삶을 선택했다.

평생 이렇게 배달만 하면서 살고 싶지 않다. 나도 성공한 인생을 살고 싶다. 성공한 사람이 되어, 다른 사람에게 영향력을 미치는 사람이 되고 싶다고 결단했다. 매일 아침 일어나 책을 읽고, 이동하면서 MP3 강연 파일들을 찾아 들었다. 항상 책을 갖고 다녔다. 틈새 시간이 있을 때마다 책을 읽었다. 작은 수첩에 좋은 글귀를 메모해서 갖고 다니면서 읽고 또 읽었다. 오토바이를 타고 가다 신호등이 걸리면 수첩을 꺼내서 읽고, 엘리베이터를 기다리는 시간에도 수첩을 꺼내서 메모하고, 수첩에 기록한 좋은 글들을 소리 내어 읽었다. 더운 날씨에도 매연에 더러워진 얼굴과 손이 보이기 싫어 모자를 꾹 눌러쓰고, 마스크로 얼굴을 가리고, 다니면서도 한쪽 귀에는 항상 강연 MP3를 들으면서 꿈을 키워갔다. 성공한 사람들의 강연을 들으며 '그래 나도 노력하면 성공할 수 있겠다.'라는 희망을 품게 되었다. 성공한 사람들의 습관을 무조건 따라 하며 당장 내가 할 수 있는 것은 바로 종이에 기록하고 똑같이 흉내 내기 위해서 노력하기 시작했다.

추천도서 : 《따라 하기로 성공하기》, 다치카와 미쓰아키

나는 청개구리다

청개구리라는 말은 내가 주위 사람의 조언을 듣지 않는다는 뜻이다. 어릴 때부터 모두가 가는 길로 가고 싶지 않았기에 부모님의 반대에도 불구하고 학교를 고등학교 3학년 초반에 그만두고, 세상에 뛰어들어 일하기 시작했다. 어려운 가정 형편에 내가 할 수 있는 일은 공

부가 아닌 세상일이라는 생각이 앞섰다. 그렇게 10년 동안 배달원으로 중국집 배달원, 우유 배달, 냉면 배달, 피자 배달, 햄버거 배달, 퀵서비스, 한식당 배달, 도시락 배달. 계단 청소, 치과 바닥 청소. 여러 곳을 옮겨 다니며 일을 했지만 힘들게 일을 해도 돈은 모이지 않았다. 몸은 지쳐만 갔다. 점심을 거르고 온종일 일해도 버는 돈은 몇 푼 되지 않았다.

전국을 다니는 강사가 되어서 활동하는 지금도 주변에서 많은 분들이 조언해주신다. "지금이라도 대학에 가서 공부해라!" "지금은 괜찮지만, 나중에는 분명 후회를 한다. 더 나이가 들기 전에 학위를 받아라." 항상 학력에 대한 콤플렉스를 갖고 살아가는 나를 보며 사랑하는 마음에 많은 분들이 조언을 해주신다. 나보다 먼저 세상을 경험하신 어른들의 말이 맞을 수도 있지만 나는 나만의 인생을 살고 싶다. 더 새로운 경험을 해보고 싶고, 다른 길을 가보고 싶다. 〈거창고등학교 10계명〉에서도 '아무도 가지 않는 길'을 가라고 했다. 그래서 내가 선택한 것은 언어 공부다. 영어와 중국어를 공부하기 위해서 노력하고 있다. 많은 시간을 언어 공부를 하는 데 투자하고 있다. 주변 친구들이 대학을 졸업하고도 전공과는 전혀 다른 일을 하는 것을 본다. 학자금 대출 때문에 오래도록 걱정하는 친구들도 보았다. 나는 4년이라는 대학 공부의 시간 대신 새로운 경험들을 해보고 싶다. 모두가 가는 길이 아닌 나만의 다른 길을 가보고 싶다.

브랜든, 박코치

죽기 전에 책이나 읽어볼까

"현근아! 이모랑 책 사러 가자."

대전에 사는 이모가 서울에 오실 때마다 같이 광화문 교보문고에 갔다. 이모는 내가 갖고 싶은 책들을 사게 해주셨다. 나는 어릴 때부터 만들기를 좋아해서, 발명 이야기, 종이 접기 방법 등의 책들을 샀다. 이모는 나에게 《나의 라임 오렌지 나무》, 《어린 왕자》 책을 선물로 사 주셨다. 어릴 때 대전 이모 집에 놀러 가면 한쪽 방에는 책들로 가득했다. 거실에도, 화장실에도 어디든 책이 가득했다. 책의 중요성을 이미 깨달은 이모는 조카인 나에게도 독서 습관을 만들어 주고 싶었던 것 같다.

어머니는 초등학교만 나오셨다. 가족 학력을 작성해야 하는 부분이 있을 때마다 난처해하는 어머니의 모습이 떠오른다. 나중에 성인이 되어 가족들 모임에서 알게 되었다. 6남매의 장녀였던 어머니는 많은 동생을 돌봐야 했기에 할머니가 학교에 못 가게 했다는 것을 알았다. 어머니는 그래서 지금도 배움에 대한 열정이 대단하다. 국가 자격증이 10개가 넘게 있다. 나는 어린 시절부터 매일 새벽 늦게까지 책을 읽으시며 공부하는 어머니의 뒷모습을 보고 자랐다.

중학교 겨울 방학 때, 친척 형이 우리 집에 놀러 오면, 동네 작은 책방에 가서 만화책을 잔뜩 빌려왔다. 형은 방안에서 온종일 만화책만 읽었다. 나도 형을 따라서 만화책을 읽었는데, 힙합 만화를 좋아했다. 하루 만화책을 빌리는데 100원, 200원 했던 그때가 기억난다.

2002년 학교를 그만두고, 1년 동안 도미노피자에서 일했다. 도미노피자의 사장님은 퇴근 후 항상 동네 작은 책방에 가서 책을 빌려서 읽었는데, 사장님과 친했던 나는 항상 사장님을 따라 책방에 갔다. 사장님은 주로 소설 종류의 책을 좋아하셨는데, 무협지를 특히 좋아하셨다. 나는 무협지는 읽어 보려고 했지만, 등장인물들을 다 기억하기에 어렵고 현실 세계와 멀리 떨어진 이야기라 흥미를 많이 느끼지 못했다. 책방에서 만난 베르나르 베르베르의 소설들이 재미있었다. 《뇌》, 《개미》, 《나무》, 《파피용》 등의 책들은 쉽고, 재미있었다. 공부에는 특별히 관심이 없었지만, 주변 사람들을 따라서 책을 읽으려고 노력했던 시간이 있었다.

가장 힘든 시간을 보냈던 2012년, 강남역에서 우연히 《독서 천재가 된 홍대리》 책 현수막을 보게 되었고, 그 책을 시작으로 자기계발 관련한 서적을 읽기 시작했다. 평생 배달만 하면서 살고 싶지 않다는 생각을 하고 있을 때, 만난 책이라 나에게는 삶의 터닝 포인트가 된 책이다.

이처럼 사람에겐 늘 환경이 중요하다. 맹모삼천지교(맹자의 어머니가 자녀의 교육을 위해 3번 이사한 이야기) 라는 말이 있듯이 주변 환경은 정말 중요하다. 나는 항상 환경으로 들어가서 변화를 얻기 위해 노력한다.

메신저가 되고 싶다고 결심했으면 독서모임 가입 또는 만들기를 추천한다. 2012년 처음 메신저 사업을 했던 때로 돌아갈 수만 있다면, 나는 반드시 독서모임이라는 환경을 만들 것이다. 실제 나는 독서모임을 2016년부터 시작하면서 메신저 사업의 날개를 달 수 있었다.

"죽기 전에 책이나 읽어 볼까?"

하는 마음으로 읽었던 단 한 권의 책이 나의 삶을 변화시켰다. 물론 그 전에도 여러 번 책을 읽을 기회나 경험은 있었지만, 변화를 꿈꾼다면 내가 처한 환경을 바꿀 필요가 있다. 그 시작은 책을 펼치는 것이다. 꾸준히 독서를 할 수 있는 환경이 없다면 스스로 그 환경을 만들어 내야만 한다.

혼자 책을 읽는 것보다 독서모임을 통해 책을 같이 읽으면 서로의 생각을 읽을 수 있어 좋다. 책을 통해 만난 사람들과 교류 하며, 책을 통해 배우고, 사람을 통해 배운다. '사람 책'이란 말이 있다. 한 사람의 인생 속에 담긴 수많은 이야기와 경험들, 위기를 어떻게 극복했는지? 왜 실패했는지? 어떻게 그 실패를 극복해서 성공했는지? 책을 읽으면서 서로의 경험들을 듣고, 서로의 삶을 읽을 수 있다. 정말 사람 책이라는 말이 맞다.

한 명이 오든, 두 명이 오든 사람의 수에 연연하지 않고 독서모임을 운영했다. 나 자신을 위해서 독서모임을 한 것이다. 혼자 보다는 함께의 힘이 큰 것을 알았다. 매주 독서모임을 진행하면서 많은 시행착오가 있었다. 사람들의 말에 상처를 받을 때도 있었다. 하지만, 모임을 운영하며 얻는 기쁨이 더 컸다. 특히 선배님들(독서 모임 회원을 부르는 호칭)에게 내가 알고 있는 것들을 나눠드릴 수 있는 시간이 감사했다.

저자특강을 할 때는 어려움이 많았다. 어떤 저자 분은 비용을 얼마를 주어야 오시겠다고 했고, 몇 명이 모여야만 오신다는 분도 있었다. 수익을 목적으로 독서모임을 진행하는 것이 아니다 보니 나의 사비가 더 많이 들어가는 경우도 있었다. 유명한 저자가 올 때는 회원들이 많았지만, 알려지지 않은 저자가 올 때는 평소보다 회원 수가 저조했다. 회원들을 위해 저자특강을 준비한 나는 난감하기만 했다.

독서모임을 그만두고 싶을 정도로 상처받은 적도 많았다. 하지만, 독서를 통해 나 자신이 성장했고, 더 많은 분들에게 좋은 것을 나누고 싶은 마음에 매주 일요일 저녁에 독서모임을 진행했다. 40~50명이 오실 때는 기분이 아주 좋았다. 1~2분이 오시거나 아무도 안 오신 날은 혼자서 책을 읽기도 했다. 사람의 수에 연연하지 않고, 나 자신을 위해서, 그리고 항상 내가 알고 있는 지식과 경험을 사람들에게 나누기 위해서 자리를 지키며 모임을 이어나갔다. 독서모임에서 중요한 것은 사람의 수가 아니다. 사람의 수에 연연하지 말고 지속하는 것이 중요하다. 독서모임을 통해서 가장 성장하는 사람은 바로 나 자신이기 때문이다.

항상 초심을 잃지 않으려고 지금도 노력하고 있다. 매주 책을 읽고 조금씩 글을 쓰다 보니 책 한 권을 쓰게 되었다. 누적의 힘이다. 혼자서만 책을 읽고, 글을 쓰는 것이 아닌 같이 함께 성장하는 모임을 하고 싶었다. 지금도 매주 일요일 저녁 8시에 온라인으로 매주 독서모임을 운영하고 있다.

학교를 그만두고 10년 동안 배달부로 살던 내가, 전국에서 초청받는 강사가 되었다. 독서를 통해서 나의 삶을 완전히 바꾸었다. 이제 더 많은 독서모임에 선한 영향력을 미치고 싶다. 독서모임을 하면서 시행착오 했던 많은 부분들을 사람들이 겪지 않도록 돕고 싶다. 단, 한 사람에게라도 선한 영향력을 미치는 인생을 살고 싶다.

무엇을 위해 살아가고 있는가? 개인의 성장을 넘어 타인의 성장을 돕는 삶을 사는 인생이 진짜 멋진 인생이라고 생각한다. 타인에게 선한 영향력을 미치고 싶다면, 독서모임을 통해 나의 지식과 경험을 세상과 나누자.

반드시 수익이 나는
메신저의 법칙

메신저는 견뎌야 한다

성과 없는 시간을 견뎌야만 메신저가 될 수 있다. 처음에는 당신이 메신저가 되겠다고 하면 아무도 알아봐 주지 않는다. 최소 3년이란 시간 동안 메신저가 되기 위해서 동일한 메시지를 지속해서 알려야 하고, 매주 강의를 열고, 매일 글을 써서 SNS에 올리고, 영상을 찍어서 홍보해야 한다. 3년이란 누적의 시간이 지난 다음에야 비로소 사람들이 조금씩 당신의 메시지에 귀를 기울일 것이다.

2012년 처음 강의를 시작할 때는 한 명으로 시작을 했다. 한 명이라도 나의 메시지를 듣기 위해서 강의를 신청해주는 것 자체가 감사했다. 카페에서 3시간 동안 1:1로 교육을 하면서 1만 원을 받았다. 커피도 사드렸다. 부족한 나의 강의를 들어주는 것이 감사했다. 처음부터 많은 사람에게 메시지를 전하려고 하지 말고, 단, 한 사람에게 진정성을 담아 메시지를 전하자. 그러면 그 사람이 당신의 홍보대사가 되어줄 것이다.

한 사람 뒤에는 최소 250명의 사람이 있다. 한 사람에게 메시지를 전하는 것은 처음에는 어리석게 보일 수도 있다. 하지만 가장 빠르고, 가장 효과적이며, 가장 생산적인 결과를 가져올 것이다. 강의를 처음 시작하려는 사람들에게 내가 항상 하는 말이 있다.

"1로 시작하세요, 단 한 사람을 위한 강의를 준비하세요."

"한 사람을 위해서 강의를 하면 많은 돈을 벌기 힘들 텐데요?"

"돈을 벌기 위한 강의가 아닌, 한 사람의 변화를 위해서 강의를 시작해보세요."

당신의 메시지로 한 사람이 변화하면 당신은 분명한 메신저가 될 수 있다. 처음부터 메신저로 수익을 내기는 어려울 수 있다. 하지만 3년이란 시간 동안 꾸준히 메시지를 전하다 보면 반드시 수익이 나게 되어 있다. 사람들은 당신의 메시지에 귀를 기울이고, 당신의 메시지를 전하는 홍보대사가 되어줄 것이다. 메신저가 되고 싶다면 3년이란 시간을 반드시 견디기를 바란다. 내가 추천하는 방법은 회사에 다니면서 메신저를 준비하는 것이다. 회사를 그만두고, 정기적인 수입이 없는 상태에서 메신저 사업을 시작하면 마음이 조급해질 수밖에 없다. 매달 고정 지출은 있지만, 고정 수입이 없기 때문이다. 나 또한, 평일에는 배달을 하고, 주말과 저녁시간을 활용해서 메신저 사업에 대한 기초를 다졌다.

조급함을 내려놓아야 한다. 처음부터 수익화를 목적으로 강의를 하는 사람들을 많이 보게 된다. 자신이 누구인지 세상에 알리지 않고, 돈부터 받으려고 한다. 내가 볼 때는 도둑으로 보인다. 처음에는 자신의 지식과 경험을 무료 강의를 통해 알려야 한다. 무료강의를 통해서 지속적으로 나를 홍보하고, 수강생들의 성과사례를 만들어내는 것이 가장 중요하다. 수강생의 성과사례가 많아지고, 후기가 쌓이게 되면, 비용을 지불하고서라도 배우고 싶어 하는 사람들이 분명히 생기게 된다. 여기서 중요한 점은 무료 강의일수록 가치 있는 것을 제공해야 한다는 것이다. '우~와! 무료강의가 이렇게 좋은데 유료강의는 얼마나 좋을까?' 기대를 할 수 있도록 해야 한다. 그래서 유료 강의 전에는 반드시 1시간 정도의 무료 설명회를 하는 것이 좋다. 설명회를 진행하고, 당일에 유료과정 등록 시에 강의에 대한 할인 혜택을 제공하면 유료과정을 등록하는 수강생들이 있다.

성공의 롤 모델을 정하라

자신이 되고 닮고 싶은 롤 모델을 찾아라. 브라이언 트레이시는 '역할모델'이라고 이야기한다. 미래에 내가 되고 싶은 모습을 먼저 결정한다. 그리고 그 모습이 된 것처럼 행동하는 것이다. 모든 자기계발 서적에서 공통적으로 이야기하는 것이다. 먼저 자신이 롤 모델을 찾고,

그 사람의 습관을 똑같이 따라 하는 것이 성공의 법칙이다.

성공한 강사가 되고 싶다면, 김미경 강사, 김창옥 강사처럼, 한 분야에서 유명 강사가 된 사람들을 철저히 분석하고, 내가 실천할 수 있는 부분 하나부터 똑같이 따라 해본다. 처음에는 물론 어렵다. 나와 성공한 사람과의 간격이 너무 크기 때문이다. 그렇지만 포기하지 않고 성공한 사람의 모습을 닮기 위해서 계속 노력하면 성공한 사람의 근처에 조금씩 다가갈 수 있다.

처음 메신저를 준비할 때부터 나는 세바시(세상을 바꾸는 15분) 프로그램을 즐겨 봤다. 성공한 강사들의 스피치를 반복해서 듣고 또 들었다. 강의를 분석하며 들었다. 좋은 문구는 메모해서 외웠다. 그들의 제스처를 따라 하기도 하고, 목소리 톤, 억양, 말의 빠르기, 표정 등을 따라 했다. 언젠가 나도 세바시 무대에서 강의를 한다는 상상을 하며 연습을 했다. 마치 내가 성공한 강사가 된 것처럼 상상하며 스피치 연습을 했다.

노래방 마이크를 사서 마이크를 잡는 연습을 했고, 화이트보드를 사서 판서하는 연습을 했다. 전신거울을 세워놓고, 나의 자세를 점검했다. 산에 올라가서, 한강 다리 위에 올라가서 발성 연습을 했다. 스마트폰으로 강의하는 모습을 촬영하고, 녹음기로 나의 음성을 녹음했다. 제일 좋은 피드백은 나 자신 스스로의 피드백이다. 처음 시작할 때부터 타인의 평가를 받으면 두려움이 앞서게 된다. 자기 스스로 개선점을 찾고, 성공한 강사들을 분석하고 따라 하는 연습을 지속하는 것이 중요하다.

나는 항상 성공한 사람들의 책을 즐겨 읽었다. 현실의 삶을 벗어나 성공하고 싶은 열망이 누구보다 강했기 때문이다. 성공한 사람들의 공통점은 모두 메모광이었다. 책벌레였다. 그래서 나도 미친 듯이 읽었고, 미친 듯이 메모했다.

"그래 나도 성공한 사람들의 습관을 똑같이 따라 하자."

브라이언 트레이시의 《백만 불짜리 습관》이란 책에서는 성공한 사람들의 습관을 강조했다. 성공의 95%는 습관 때문이라고 말한다. 성공한 사람들은 모두 좋은 습관을 지니고 있다. 성공한 사람들의 행동을 나의 습관으로 만들자.

성공한 사람들의 습관을 따라 하기 시작하자, 수익이 늘어나게 되었다. 사람들에게 동기부여 강의를 하고, 사람들에게 희망의 메시지를 전하는 메신저가 되었다. 삶의 롤 모델을 먼저 정하자. 그리고 그가 하는 습관을 분석하자. 성공의 습관을 똑같이 따라 하자. 그러면 롤 모델과 똑같은 모습의 삶을 살게 될 것이다.

쓰면 이루어진다

쓰면 이루어진다. 생각으로만 가진 것과 종이 위에 기록하는 것은 천지 차이이다. 머릿속으로 생각할 때는 이것이 과연 될까? 안될까? 생각하게 되지만, 종이 위에 기록해 놓고 보면, 흐릿하던 생각이 명확해진다. 먼저 백지를 가져다가 자신이 원하는 목표를 작성하고, 이 목표를 이루기 위해서 나는 어떤 행동을 할 것인지 결정하자. 올해의 목표, 이번 달의 목표, 이번 주의 목표, 오늘의 목표. 이런 식으로 목표를 설정하면 목표가 나를 움직이게 한다. 목표를 향해 움직이면 내가 목표를 향해 나아가고, 목표도 나를 향해 다가오게 된다. 《성과를 지배하는 바인더의 힘》 책에서도 목표를 설정하는 순간 스위치가 켜지고, 물이 흐르기 시작한다고 이야기 한다. 나는 매일 나의 목표 스위치를 켠다. 좋은 목표는 수치화가 되어 있다. 측정이 가능한 목표가 좋은 목표이다.

김승호 저자의 《생각의 비밀》 책에서는 원하는 바를 100일 동안 100번씩 적으라고 한다. 정말 100번씩 적으면 그 목표가 명확하게 되고, 목표를 반복해서 적음으로써 이 목표를 이루기 위한 아이디어들이 수없이 떠오르게 된다. 목표를 적고, 목표를 이루기 위한 아이디어들도 같이 기록을 한다. 그리고 행동을 결정한다. 생각으로만 머물러서는 안 된다. 아이디어는 돈이다. 단, 실행했을 때 돈이 된다.

목표를 이루기 위해서 해야 할 일 리스트, 하지 말아야 할 일 리스트를 작성한다. 시간은 유한하다. 목표를 이루기 위해서는 한정된 시간을 효율적으로 사용해야 한다. 그래서 시간 관리 도구인 3P바인더를 사용하고 있다. 시간의 가계부를 작성한다. 돈을 관리하기 위해서 가계부를 작성하듯이, 돈보다 중요한 시간을 관리하기 위해 시간의 가계부를 쓴다.

코로나 이전에는 매달 해외여행을 가는 목표를 가졌다. 그것을 이루기 위해서 한 달의 일정표에 해외 일정을 먼저 기록했다. 나머지 시간을 어떻게 효율적으로 보내야 하는지를 바인더에 작성했다. 생각으로만 머물러서는 안 된다. 반드시 종이 위에서 생각해야 한다. 종이 위에 목표를 기록하고, 목표를 이루기 위해서 지금 나는 무엇을 할 것인지를 결정하자. 종이 위에 쓰면 이루어진다. 지금까지 쓴 목표들이 하나씩 이루어지고 있다. 시간의 차이만 있을 뿐 종이 위에 쓴 목표는 반드시 이루어진다. 목표를 이루기 위한 노력이 동반되었을 때, 그 목표는 현실이 되어 나타난다.

추천도서: 성과를 지배하는 바인더의 힘》, 강규형

《종이 위에 기적 쓰면 이루어진다》, 헨리에트 앤 클라우

《3개의 소원 100일의 기적》, 이시다 히사쓰구

2 FEBRUARY 2021 설선물 공유 이벤트

□ 중요한 일 / 진행중 X 완료 ← 취소 → 연기 위임

Don't Forget | Business Objective | Personal Objective | Study & Book

SUN	MON	TUE	WED	THU	FRI	SAT
		2	3 입춘	4	5	6
7	8	9	10	11	12 설날 1.1 설이벤트	13
14	15	16	17	18 우수	19	20
21	22	23	24	25	26 정월대보름 1.15	27
28						

· 2월 학원 결석 많음.

· 자기관리 수면시간 시간체크 운동시간

3 MARCH 2021

☐ 중요한 일 / 진행중 X 완료 ← 취소 → 연기 위임

Don't Forget

Business Objective

Personal Objective

Study & Book

SUN	MON	TUE	WED	THU	FRI	SAT
	1 삼일절	2	3	4	5 경칩	6
7	8	9	10	11	12	13
14	15	16	17	18	19	20 춘분
21	22	23	24	25	26	27
28	29	30	31			

2장

메신저 초급강의

메신저의 삶

메신저란? 자신의 경험과 지식으로 조언을 제공하고 대가를 받는 사람이다. 나의 지식과 경험을 나누어 주기만 하고, 돈을 받지 않으면 봉사자다. 대부분 사람이 나누어 주기만 한다. 그렇게 하면 메신저 사업을 지속할 수 없다. 메신저 사업도 사업이다. 무료로만 하면 사업을 유지할 수 없다. 무료로 나눠주는 것은 메신저도 지치고, 수강생도 가치를 느끼지 못한다. 그러니 메신저의 삶을 살기로 했다면 이것을 명심하자.

"수익을 내야 한다."

"수익을 창출하는 사람이 되자."

초보메신저들이 하는 실수 중 한 가지가, 자신의 지식과 경험의 가치를 스스로 너무 낮게 평가하는 것이다. 자신은 돈을 주고 배웠으면서, 타인에게 알려줄 때는 무료로만 알려준다. 배우는 데 돈을 내고 배우는 것은 당연한 것이고, 내가 알려주는 것은 비용을 받는 것에 대한 부담을 느낀다.

'내가 뭐라고, 유명하지도 않은데, 경험도 없는데, 돈을 받아도 될까?'라는 스스로의 생각에 사로잡혀 있다. 물론 나도 처음에는 그랬다. 카페로 찾아가서 1:1 교육을 하고 만 원을 받는데 너무 손이 떨렸다. '내가 뭐라고, 이 돈을 받아도 되는가?' 고민이 되어 그분께 커피를 사 드렸다. 그렇게 시작했다. 마인드를 바꿔야 한다. 반드시 비용을 받고 그 이상을 주어야 한다. 1만 원을 받고 10만 원 이상의 가치를 제공하면 메신저 사업에서 성공할 수 있다. 받은 이상의 것으로 되돌려주면 된다. 10배의 가치로 되돌려주자.

즉시 반드시 될 때까지

나의 생각이 나를 막고, 나의 생각들이 나를 성공과 멀어지게 한다. 안된다고 생각하고 시작하는데 될 리가 없다. 된다고 생각하고 해도 될까 말까인데, 안된다고 생각하면 절대로 그 일은 일어나지 않는다. 생각부터 고쳐야 한다. 실행해야 한다. 될 때까지 하는 것이다. 즉시, 반드시, 될 때까지 도전하는 것이 메신저의 정신이다.

총각네 야채가게 이영석 사장은 와이셔츠 소매 끝에 '즉시, 반드시, 될 때까지'를 새긴다. 강의하고 나오는데, 나에게 열심히 산다고 맞춤 정장을 선물해주었다. 와이셔츠에 '즉시, 반드시, 될 때까지'를 적어 달라고 했다. 나는 따라쟁이다. 나는 항상 옷소매에 좋은 문구를 새긴다. “경험이 최고의 스승이다.”, “기회는 내가 만든다.”, “꿈, 도전, 열정”과 같이 힘을 주는 좋은 문구를 새긴다.

블로그와 독서모임 운영하기

나는 처음으로 메신저 사업을 했던 초기로 돌아간다면 무조건 블로그에 글을 쓰고, 독서모임을 만들 것이다. 초보 메신저들에게 아무리 이야기를 해도, 실행을 하지 않으니 선배 메신저로서 마음이 답답하기만 하다. 독서모임은 선택이 아닌 필수이다. 무조건 만들어야 한다. 무조건! 코로나 덕분에 지식산업 시장이 5년은 앞당겨졌다고 한다. 나는 매주 일요일 저녁 온라인에서 줌으로 독서모임을 운영하는데 200-300명의 참석자가 매주 모인다. 이제는 인풋만 하지 말고 아웃풋을 하자. 독서모임을 만들어서 나의 지식과 경험을 아낌없이 나누자.

독서모임 회원들을 위해 카카오 오픈채팅방을 만들어 지식과 경험을 나누어 주자. 나는 현재 메신저를 위한 공부방 오픈채팅방을 3개 운영하고 있다. 블로그와, 페이스북, 브런치, 인스타에 글을 쓰고, 더 배우고 싶은 사람들은 나의 오픈채팅방에 초대한다. (오픈채팅방 운영 노하우에 대해서는 추후 자세히 설명하겠다.) 사람들에게 지식과 경험을 나눠줄 때는 일정기간은 무료로 제공을 하지만 반드시 수익화를 위해서는 돈을 받고 나누어 주어야 한다. 무료로만 나눠주면 지속하기 힘들고, 사람들도 가치를 느끼지 못한다.

독서모임을 만드는 것에 대한 두려움을 느끼는 사람들이 많다. 그렇기에 좀 더 자세히 이야기하자면 독서모임을 만들기 위해서는 기존에 잘 운영되고 있는 독서모임 3군데 이상을 참석해 보자. 타 독서모임에서 배운 내용과 나의 지식과 경험들을 더하여 나만의 독서모임을 만들어보자. 작은 차이, 한 끗 차이로 시작해보자.

독서모임 추천 카페 : 독서포럼나비 네이버 카페

독서모임 추천 도서 : 《대한민국 독서혁명》, 《독서에 미친 사람들》, 《군대를 최고의 대학으로 만들다》, 《간호사 독서모임 해봤니?》, 《우리는 독서모임에서 읽기, 쓰기, 책쓰기를 합니다》

나는 아직도 가치 있는 존재이다

과거 나는 스스로를 가치가 없는 존재라고 생각했다. 2020년 7월 폭우가 쏟아지는 무더운 날씨에도 불구하고 안동에서 태권도장을 운영하는 이진호 원장은 3시간 버스를 타고 찾아오셨다. 단, 1시간 코칭 받기 위해서 말이다. 지금은 많은 분들이 나를 만나기 위해 찾아오고 계신다. 처음에 시작할 때는 1만 원 받는 것도 죄송하고 미안했었다. 지금은 메신저 멤버십 과정이 300만 원이 넘는다. 2018년 8월에 처음으로 메신저 멤버십 과정을 런칭했다. 100만 원으로 시작했다. 아무도 신청을 안 할 줄 알았다. 나의 생각과는 다르게, 공지를 올리자마자 신청이 들어오기 시작했다. 나의 가치는 나 스스로 정하는 것이다.

다른 메신저와 차이를 만들기 위해서는 고가의 상품을 만들어야 한다. 《핑크펭귄》 책에 보면, 햄버거와 스테이크를 같이 제시하라는 말이 나온다. 기존에 자신이 판매하는 상품에 고가의 상품을 추가해서 같이 제시를 하면, 햄버거를 구매할 사람은 햄버거를, 스테이크를 구매할 사람들은 스테이크를 구매한다. 일반 룸과 스위트룸을 같이 제시하라고 한다. 모두가 저렴한 것만을 원하는 것은 아니기 때문이다. 자신 스스로의 지식과 경험의 가치를 낮게 평가하고 고가의 교육과정을 만들지 않는 메신저들이 많은 것을 나는 안타깝게 생각한다. 메신저로 성공하고 싶다면, 《핑크펭귄》 책을 20번 정독하기 바란다.

매일 아침 3P 긍정문 외치기

여기서 3P 긍정문이란? Personal, Positive, Present를 말한다. 즉, 1인칭, 긍정적, 현재 시제로 말을 하는 것이다. 예를 들면 아래와 같다.

나는 나를 사랑한다.

나는 내가 좋다.

나는 날마다 모든 면에서 점점 더 좋아지고 있다.

나는 세계 최고의 메신저이다.

나는 베스트셀러 저자이다.

I like myself.

I love myself.

내 가치는 내가 만든다. 내 가치는 내가 스스로 높이는 것이다. 자신 스스로를 가치 있는 사람으로 여겨야 다른 사람들도 나를 가치 있는 존재로 인식한다. 나 자신을 스스로 사랑해야 한다. 나 스스로를 사랑하면 자부심이 올라가고, 자부심이 올라가면 더 큰 목표를 이룰 수 있다. 나 스스로를 사랑하지 않으면 다른 사람도 사랑할 수 없다. 내가 나를 좋아하지 않는데 다른 사람이 나를 좋아할 리 없다. 내가 나를 더 좋아할수록 다른 사람도 나와 함께 일을 하고 싶어 한다. 나는 이런 내용들을 브라이언 트레이시 《잠들어 있는 성공 시스템을 깨워라》 책과 〈성취심리〉 강연을 통해 배웠다. 3P 긍정문들을 외치면서 나 자신을 사랑하게 되었고, 나 스스로를 가치 있는 존재로 인식하게 되었다. 자신감도 생겼다. 긍정문과 관련한 추천도서로는 루이스 L헤이의 《미러》 책을 추천한다.

나 자신을 스스로 가치 있는 존재라고 생각하라. 나 자신을 스스로 사랑하지 않으면 누구도 나를 사랑해주지 않는다. 나 자신을 스스로 가치 있는 존재로 인식하는 순간 타인에게 수강료를 받는 미안함도 줄어들게 된다. 자부심이 올라가기 때문이다. 나의 지식과 경험에 대한 확신을 스스로 가져야 한다. 자기 확신이 무엇보다 중요하다. 나의 지식과 경험의 가치를 스스로 높게 평가하지 못하면 절대 비용을 받는 메신저가 될 수 없다.

미움 받을 용기를 가져라

새로운 일을 시작할 때 두려움이 생기는 것은 당연한 일이다. 새로운 것을 시도할 때마다 항상 두려운 마음이 생겼다. 미움 받을 용기를 갖기로 결단을 하고 나니, 마음이 한결 가벼워졌다. 특히 SNS라는 공간에 강의 홍보를 올리거나, 나의 생각을 글로 쓸 때, 사람들의 피드백이 두려웠다. '부정적인 댓글이 달리면 어떡하지?', '사람들이 나를 안 좋게 보면 어떡하지?' 좋은 모습만 보이고 싶었던 마음이 나를 소극적으로 만들었다.

유튜브에 미움 받을 용기를 갖고 영상을 업로드 했다. 이 영상은 현재 조회 수가 8만 8천 나왔다. (21년 3월 기준)

에버노트 강의 영상 링크
(2016.02.28.)

편집 하나 없이, 스마트폰으로 촬영한 영상이다. 용기를 내어서 올린 영상 덕분에 많은 강의 요청이 들어왔다. 5년이 지난 지금도 이 영상을 통해 많은 분들이 나를 알아봐 주신다. "강사님 유튜브에서 봤어요."

"연예인 보는 것 같아요."

가장 중요한 것은 용기다. 위 영상에도 악성 댓글이 달린 적도 있었고, 싫어요가 눌리기도 했다. 하지만 많은 분들이 에버노트를 자세히 알게 되어 감사하다고 연락을 주셨다. 중요한 것은 용기다. 바로 미움받을 용기다.

우리는 유튜브에서 많은 영상을 본다. 유튜브 오른쪽 위에 검색 버튼은 누르지만, 하단 가운데에 플러스 모양의 영상 업로드 버튼은 누르지 않는다. 인풋보다 중요한 것은 아웃풋이다. 인풋이 있었다면 아웃풋을 반드시 해야 한다. 밥을 먹었다면, 화장실에 가듯이, 인풋에만 머문다면 성장할 수 없다. 나의 지식과 경험을 유튜브에 올리자. 1인 미디어 시대이다. 나를 무료로 세상에 알리기 가장 좋은 시대에 우리는 살아가고 있다.

내 얼굴이 노출되면 어떡하지? 내가 너무 유명해지면 어떡하지? 내가 너무 많은 돈을 벌면 어떡하지? 하는 고민으로 시작을 못 하는 것 같다. 유튜브를 하라고 하면 영상 편집부터 배우고, 유튜브 채널 홍보 방법부터 배우는 분들이 있다. 나는 무조건 가운데 아래에 플러스 버튼부터 누르게 한다. 이때 스마트폰 삼각대는 꼭 있어야 한다. 흔들리는 영상이 아닌 고정된 영상을 찍어야 하기 때문이다. 스마트폰 삼각대를 구매하고, 영상을 촬영하자.

처음 시작은 책으로 하면 좋다. 책을 읽고, 나의 생각과 함께 정리해서 영상을 찍는 것이다. 나의 메시지를 세상에 전하자. 영상의 길이는 10분 정도가 적당하다. 너무 짧거나, 긴 영상보다는 10분 내외의 영상을 촬영해서 업로드하자. 자신이 전하고자 하는 핵심 메시지를 3가지로 정리해서 말하는 훈련을 해보면 좋다.

※ 참고 영상 <김형환의 10분 경영>.

제목 작성 (유튜브에서는 끌리는 제목과 썸네일이 중요하다)

첫째, 핵심 메시지와 부연 설명

둘째, 핵심 메시지와 부연 설명

셋째. 핵심 메시지와 부연 설명

이런 식으로 3가지로 말하는 훈련을 하자. 유튜브에 영상을 업로드하고, 네이버TV에도 같은 영상을 올리자. 음성 파일은 팟빵과 오디오클립에도 올리자.

나는 줌을 이용해서 온라인 강의를 한 후 '뱁믹스' 영상 무료 프로그램을 통해서 10분 정도로 자른다. 편집은 별도로 하지 않는다. 자른 영상을 유튜브, 네이버TV, 페이스북 3군데에 올린다. 음성을 추출해서 팟빵에 올린다. 강의의 핵심 내용들을 정리해서 블로그에 올린다.

온라인 라이브 강의는 OBS프로그램과 줌을 연동해서 진행을 하고, 무료 특강의 경우 OBS로 녹화를 하고, 녹화한 영상을 비메오 사이트에 업로드해서 유료 판매를 진행한다. 이렇게 하나의 주제에 대해서 다양한 곳으로 배포하는 이유는 나의 콘텐츠를 어떤 사람은 보고 싶어 하고, 어떤 사람은 듣고 싶어 하고, 어떤 사람은 읽고 싶어 하기 때문이다. 하나의 콘텐츠를 다양한 채널로 배포하는 것이 핵심이다.

페이스북, 블로그, 브런치, 팟빵, 유튜브 등 다양한 채널에서 온라인으로 무료 자료들을 통해 나를 만난 사람들이 나의 유료 과정을 등록하기 시작했다. 《모두에게 주고 슈퍼팬에게 팔아라》라는 책이 있다. 사람들에게 나를 알리기 위해서 무료 SNS채널을 적극 사용하기를 바란다. 온라인은 기회의 땅이다. 내가 씨를 많이 뿌릴수록 많은 열매를 거둘 수 있다.

완벽하게 시작하지 않아도 괜찮다. 내가 하고 싶은 이야기를 스마트폰으로 촬영해서 유튜브에 올리고 그다음에 편집을 배우고, 채널 홍보하는 방법도 하나씩 배워 가면 된다. 일단 시작하고 개선하고, 개선하는 것이다. 어떤 일을 시작할 때에 필요한 것은 미움 받을 용기를 갖는 것이다. 완벽함을 버리는 것이다. 완벽함만을 추구하다 보니 실행속도가 느려지는 것이다.

모방은 창조의 어머니 : 따라쟁이가 되자

처음부터 전혀 없던 것을 새롭게 만들어 내기는 어렵다. 성경에서도 "해 아래 새 것은 없다"(전도서 1:9)고 이야기 하지 않았던가. 무에서 유를 창조하는 것은 힘들지만, 유(有)에서 뉴(new)를 만들 수는 있다. 가공과 편집을 통해 말이다. 처음에는 다른 강의들을 들으면서 내가 차별화를 줄 수 있는 것은 무엇인지 찾는 것이 중요하다. 처음부터 세상에 없는 전혀 다른 강의를 하는 것이 아닌, 고객에게 내가 줄 수 있는 특별한 혜택은 무엇이 있는지 생각해보자. 차별화를 둔 나만의 강의를 만들어 나가는 것이 중요하다.

서울에는 자기계발 강의가 많은데, 지방에는 자기계발 강의가 많지 않은 불편함을 해결해드리기 위해 지방을 다니면서 강의했다. 한 명이 오든, 두 명이 오든 연연하지 않았다. 한 분 한 분 최선을 다해서 알려드렸다. 강의를 수강하신 분의 소개를 통해 다음 강의가 연결되고 또 다음 강의가 연결되었다. 처음부터 전혀 새로운 강의를 만들어 내는 것은 어렵다.

"내가 다른 강의와 다르게 차별화를 둘 수 있는 것이 무엇인가?"

이 질문에 나는 항상 고민한다. 소그룹으로 강의를 하고, 지방을 찾아다니며 강의를 하고, 온라인으로 강의를 하고, 재수강을 무료로 하고, 후속 코칭을 하고, 1:1코칭을 하고, 강의 영상을 촬영해서 보내드리고, 항상 수강생 중심이 되어 어떤 혜택을 더 드리지? 고민하고 실행했다. 수강생의 입장에 서서 어떤 것을 더 제공해 드릴 수 있을까를 늘 고민한다. 나의 지식과 경험을 통해서 수강생을 어떻게 도울 수 있을지를 자나 깨나 고민한다.

준비되지 않은 강의를 하면 수강생이 가장 먼저 알게 된다. 나는 매번 연습하고 또 연습한다. 기존에 했던 강의와 똑같은 강의를 하는 것이 싫다. 그래서 매주 새로운 강의 콘텐츠를 만들고 있다. 책을 기반으로 강의 주제를 잡는 것이다. 나는 매주 새로운 책과 함께 나의 지식과 경험을 알려드리는 강의를 진행하고 있다.

틈만 나면 다른 강의들을 찾아 듣는다. 그리고 나의 강의를 수정 보완한다. 코로나 덕분에 방구석에서도 얼마든지 좋은 강의를 찾아서 들을 수 있다. 항상 더 좋은 내용으로, 알기 쉽게 나의 지식과 경험을 전하기 위해 노력한다.

내가 생각하는 좋은 메신저란? 수강생이 실행할 수 있게 돕는 사람이다. 나의 성공이 아닌 수강생의 성공을 진정으로 바란다면, 나 스스로의 배움도 게을리 할 수 없다. 내가 알아야만 타인을 도울 수 있기 때문이다. 나도 모르는 것을 알려줄 수는 없는 노릇이다. 나만의 경쟁력을 갖추기 위해 노력한다. 새로운 인풋이 없이 새로운 아웃풋을 만들기는 어렵다. 반드시 끊임없는 새로운 인풋이 있어야만 새로운 아웃풋을 만들어 낼 수 있다. 안다고 생각하고 더 배우는 것을 멈추면 안 된다. "나는 강사니까. 나는 지금 잘 되고 있으니까." 배우는 것을 멈춘다면 그 결과는 불을 보듯 뻔하다.

코로나 덕분에 강의 시장이 바뀌었다. 오프라인으로만 강의를 하던 분들은 생계가 힘든 상황이 되었다. 온라인으로 빠르게 전환한 사람들은 훨씬 많은 수익을 창출하고 있다. 변화에 민감하게 반응해야 한다. 오랫동안 오프라인 강의를 해오던 분들이 온라인으로 수강생을 모집하는 방법에 대한 문의를 주신다. 내가 아는 범위에서 도움을 드리기 위해 좋은 강의를 추천 드리기도 하고, 나의 노하우를 알려드리기도 한다. 하지만, 새로운 것을 배우는 것을 두려워하는 분들이 더 많다. "나는 박사인데, 나는 강사인데, 다른 곳에 가서 배우는 것이 눈치가 보인다."고 이야기 한다.

배움을 멈추는 순간 성장은 멈춘다. 호흡하듯 배워야 한다. 배울 것이 있다면 아이에게라도 배워야 한다. 나는 고등학교를 그만둔 덕분에 배움에 항상 목이 말라 있다. 그래서 나는 오늘도 끊임없이 배우고 연구한다. 나의 미래의 수강생들에게 더 좋은 지식과 경험을 제공하기 위해서 말이다.

당신은 DID 정신이 있는가

신규 수강생을 모집하는데 중요한 것은 DID 정신이다. DID 정신이란? 들이대를 말한다. 기존에 수강 문의 연락이 오면 전화번호를 핸드폰에 저장하는 것에 머물렀다. 송수용 대표의 DID 책과 강연코칭 수업을 듣고, 강의 문의가 오면 연락처를 저장하고 며칠 뒤에 반드시 다시 전화를 걸어서 수강 확답을 받았다. 다시 한 번 더 전화를 걸면 확률은 50%로 올라가게 된다. 나의 수업을 수강하거나, 수강하지 않거나. 전화 통화를 하면서 현재 상황이 되지 않아서 나중에 수강하겠다고 하는 사람들은 바인더에 통화 내역을 메모하고, 다음 과정이 개설될 때, 다시 안내 연락을 드린다. 예를 들어, 부산 강의 문의를 주신 분이 계신다면 부산 강의 개설 한 달 전에 저장해둔 연락처로 연락을 드린다. 부산 강의에 가면 기존에 수강하셨던 부산 분들에게 연락을 드리고, 일정이 맞는 분들과 만나 식사를 대접하거나, 차를 마시는 약속을 잡는다.

DID 정신을 배우고, 세상을 대하는 태도가 달라졌다. 나는 원래 내성적인 성격으로 사람들에게 먼저 다가가는 사람이 아니었다. DID를 통해 더 적극적인 성격으로 바뀌었다. 주도성을 갖고 삶을 대하게 되었다. 먼저 수강생들에게 다가가고, 강의에서도 더 적극적인 태도로 강의를 하자 강의 만족도도 높아졌다.

수강 문의가 온 경우에 바인더에 기록하는데, 월 · 화 · 수/ 목 · 금 · 토 양식에 기록한다. 한 노트에 3일 단위로 나뉘어 있고, 주간 스케줄표와 같이 끼워서 고객과의 통화 내용을 같이 기록 한다. 주간 스케줄과 고객과의 통화 및 약속 등을 같이 관리할 수 있어서 좋다. 그리고 강의 수강 예정인 잠재고객이 있다면, 강의 날짜에 기록을 미리 해두고, 타깃 고객으로 정하고 반복해서 연락을 드림으로써 꼭 수강할 수 있게 도와드린다.

구글 설문지와 단체 문자 발송 서비스

성공하는 메신저의 핵심 노하우는 고객 DB관리에 있다. 고객 DB관리를 위해서 구글 설문지와 단체 문자 서비스를 이용하고 있다. 강의 신청을 받을 때 구글 설문지로 신청을 받는다. 가장 중요한 항목 3가지는 이름, 연락처, 이메일이다. 고객의 정보를 받아 두어야 다음에 연락을 할 수 있다.《나 홀로 비즈니스》책에서는 고객 DB 2만 개가 있다면 평생 먹고 살 수 있다고 이야기 한다.

이름

연락처

이메일

결제 여부 : 입금 / 카드

강의 항목 : 에버노트 / 구글 앱스 / 독서법 / 등등

제 3정보 보호 동의 체크

기존에는 네이버 블로그 비밀댓글을 통해서 이름과 연락처를 취합하고 다시 핸드폰에 연락처를 저장해서 연락하는 번거로움이 있었다. 이제는 구글 설문지를 이용하면서 고객의 정보를 관리한다. 설문지를 통해 취합된 수강생의 이름, 연락처를 통해 단체 문자를 보낸다. 기존에 1시간이 걸리는 일을 단, 5분 만에 처리할 수 있게 되었다.

방법은 간단하다. 구글 설문지로 설문 항목을 만들면, 수강생이 자신의 정보를 입력한다. 입력된 정보는 자동으로 구글 스프레드시트에 취합이 된다. 가장 중요한 정보인 이름과 연락처를 복사해서, 단체 문자 발송 사이트에 붙여넣기를 한다. 문자 사이트에 고객의 정보를 저장할 때 고객이 수강한 강좌 제목과 날짜를 기재해서 그룹별로 관리를 한다. 나는 단체 문자 발송 사이트를 미사일로 비유한다.

수많은 고객의 연락처를 핸드폰에 저장만 하고 있다고 해서 성과

로 나타나지 않는다. 연락처에 저장한 고객들에게 지속 적인 안내 연락을 통해 강의로 연결이 되어야 성과가 나타난다. 부산 강의가 있다고 하면 부산 강의 수강생들에게 단체 문자를 보내 강의 소식을 알린다. 독서법 강의를 들었던 수강생이라면, 독서법과 유사한 강의가 개설될 때, 단체 문자를 통해서 강의를 안내한다.

그룹명 작성 예시

191029 부산 독서법 특강

191030 서울 독서법 특강

구글 설문지 사이트 https://docs.google.com/forms/u/0/

구글 스프레드시트 사이트 https://docs.google.com/spreadsheets/u/0/

단체 문자 발송 사이트 https://www.smsgo.co.kr/

당신의 경험은 이미 무궁한 가치를 지니고 있다

나의 가장 큰 장점은 다른 사람들을 도와주고 싶은 마음이 있다는 것이다. 오랜 힘든 시간을 보낸 만큼 어려운 사람의 마음을 누구보다 잘 안다. 성장하고 변화하고 싶었다. 책을 읽고, 자기계발 강의를 찾아 다니면서 나의 삶이 달라졌다. 이제는 당신도 할 수 있다는 희망의 메시지를 전하고 싶다.

나는 소통을 중요시 생각한다. 불통이 아닌 소통을 위해 한번 만난 사람과 지속해서 연락하고, 만나기 위해 노력한다. 그 사람의 관점에서 필요한 것들을 생각하고, 지속해서 정보를 제공하기 위해 노력한다. 항상 나눔의 삶을 사신 어머니의 뒷모습을 보고 자라서 그런 거 같다. 어머니는 음식을 해도 2배, 3배를 해서 주위 사람들을 나눠주고 어려운 이웃들 집에 찾아가서 도움을 주고는 했다. 내가 어릴 때 어머니는 붕어빵 장사를 했는데, 천 원에 5개가 아닌 6~7개씩 주셨다. 장사는 이윤이 남지 않았지만, 베풀기 위한 삶을 사셨다.

주위 사람들은 항상 "너의 이익부터 생각해라"라는 이야기를 하지만 나는 주는 게 남는 것으로 생각한다. 내가 운영하는 독서모임에 오시는 연세가 지긋한 회원님도 "주고, 주고, 또 주는 삶을 살라고 하셨다." 주는 삶이 행복한 삶이다. 나의 지식과 경험을 다른 사람들에게 나눌 수 있는 삶은 정말 행복한 삶이다. 메신저가 되면 나 자신이 성장하고, 타인의 성장을 도울 수 있다.

같이 성장하기 위해 노력한다

메신저 사업을 하면서 일회성 강의로만 그치지 않으려고 노력한다. 지속적인 도움을 드리기 위해서 독서모임을 운영하고, 후속 코칭 카톡방을 한 달간 운영을 한다. 독서모임은 매주 일요일 저녁 8시에 온라인으로 진행하는데 매주 새로운 분들이 오셔서 함께 책을 읽고, 나눔을 하고, 글을 쓰는 시간을 갖는다. 함께 성장하는 시간이다. 혼자서는 지속하기 힘들지만, 읽는 것도, 쓰는 것도 함께하면 지속할 수 있다. 다른 사람과 함께 책을 읽고 생각을 공유하면서 무엇보다 내 자신이 더 성장하게 되었다. 타인에게도 작은 선한 영향력을 미치는 사람이 되었다.

끊임없이 새로운 것을 시도하고 배운다

현재의 자리에서 정체된 것이 싫었다. 모두가 안정적인 자리를 권유해도 나는 새로운 도전을 하는 것이 더 좋았다. 물론 앞이 불안하고, 보이지 않을 때도 많이 있다. 그래도 새로운 도전을 통해서 배우는 경험들이 가치 있다. 2019년 9월부터 강의를 줄이고, 영어 공부에 집중했다. '전국을 다니는 강사'가 되겠다는 꿈을 3년 만에 이루었다. '세계를 다니는 강사'라는 꿈을 이루기 위해서 준비의 시간을 보내고 있다. 다른 삶을 살고 싶다면, 기존에 하지 않은 다른 것들을 시도해야 한다. 많은 분이 나에게 조언을 해주신다. "이제 자리도 잡아가고 있고, 한국에서만 해도 되지 않냐"고 말이다. 나는 새로운 도전을 위해서 지금 가진 것들을 내려놓고, 더 나은 도약을 향해 한걸음씩 나아가고 있다.

똑같은 강의가 아닌, 강의마다 업그레이드된 강의를 하기 위해 노력한다. 그러기 위해서는 새로운 인풋이 계속 있어야 한다. 새로운 인풋이 있어야만 새로운 아웃풋을 만들어 낼 수 있기 때문이다. 끊임없이 책을 읽고, 새로운 것들을 배우러 다닌다. 망하는 강사의 지름길은 배우지 않는 강사라고 생각한다. 내가 다 알고 있다고 생각하기에 새로운 것을 배우지 않는 것이다. 나는 아직도 어린아이와 같은 호기심으로 새로운 것들을 배우기 위해서 노력하고 있다. 그리고 나만의 지식과 경험으로 새로운 교육과정들을 만들어 가고 있다.

나는 좋은 강의를 만나면 반복해서 수강한다. 한 강의를 10번 넘게

들은 것도 있고, 좋은 강의라면 최소 2~3번씩은 반복해서 듣는다. 한 번 강의를 통해서 놓친 부분들을 2번, 3번 듣다 보면 각인이 되고, 정리가 된다. 새로운 강의를 들으면서 나의 콘텐츠에 추가할 새로운 아이디어를 얻고, 나의 강의에 적용할 부분들을 새롭게 배워 나간다. 나는 강의를 듣는 시간이 휴식시간이고 힐링의 시간이다. 그만큼 새로운 것을 배우는 것을 좋아한다. 메신저는 끊임없이 배우는 사람이다.

끊임없이 메모한다

나는 기억력이 좋지 않다. 항상 깜빡 깜빡한다. 그 단점을 개선하기 위해 끊임없이 메모한다. 작은 수첩에도 적고, 손등에도 적고, 바인더에도 기록하고, 노션(Notion) 앱에도 기록한다. 일상의 작은 조각들을 모은다. 새로운 콘텐츠를 만들어 나가기 위해 노력하고, 나의 분야에서 전문가가 되기 위해서 노력한다. 나는 덜렁거리고 잘 잊어버리는 편이지만 사람들과의 중요한 약속을 잘 지키기 위해 항상 일정과 할 일을 기록한다. 나의 단점을 개선하기 위해서 끊임없이 기록한다. 단점은 노력을 통해 개선될 수 있다.

끊임없는 독서를 통해 배운다

배움에 있어 최고는 독서를 통한 배움이라고 생각한다. 책은 항상 나를 기다려 준다. 내가 시간만 나면 책은 나를 반겨준다. 나의 옆에서 항상 자신을 읽어주기를 조용히 기다리고 있다. 독서를 통해 세상을 만나고, 성공한 사람들의 생각을 엿본다. 성공한 사람들과 나의 생각의 차이를 발견하고, 부족한 부분들을 개선하기 위해서 실행할 것들을 책의 여백에 메모한다. 책은 메모장이다. '손뇌'라는 말처럼, 책을 읽을 때 메모를 많이 할수록 책의 내용은 나의 것이 된다. 독서를 통해 저자와 독자가 의사소통을 하는 것이다. 나는 책을 통해 세계적으로 성공한 사람들과 매일 소통한다.

20번 이상을 반복해서 읽은 책

위기 속에
기회의 씨앗이 있다

모든 일이 잘 풀리는 것만 같았다. 나의 메신저로서의 삶 자체도 잘 될 줄만 알았다. 하지만, 코로나로 위기가 찾아왔다. 코로나를 어떻게 극복하고 있는지를 이야기 하고 싶다. 코로나 위기 탈출 프로젝트, 고마워 코로나, "위기 속에 기회의 씨앗이 있다." 지금 바쁘고 힘들고 어려운 상황 가운데 있다면 이 책을 읽을 순 없을 것이다. 공부하기 가장 좋은 시간은 바로 지금이다. 계속 달려왔다면 잠깐 멈추어 서서 나를 정비해 보고 앞을 내다보는 그런 시간이 필요하다. 코로나는 나를 위해 주어진 황금시간이다. "지금이 가장 공부하기 좋은 시간이다."라고 생각하니 모든 것이 달리 보이기 시작했다.

코로나 덕분에 2020년 3월부터 5월까지 수입이 제로였다. 코로나가 끝나기만을 기다렸다. 생각보다 코로나가 길어졌다. 지금의 조건에서 내가 할 수 있는 것은 무엇인지에 집중했다. 단체로 모이기는 힘들었다. 하지만, 1:1코칭을 할 수 있었다. 1:1로 사람들을 만나기 시작했다. 나도 힘들지만, 나보다 더 힘든 사람들을 돕기 위한 마음으로 시작한 일이었다.

매일 점심시간 강남의 카페에서 사람들을 만나서 무료 코칭을 했다. 그들의 이야기를 들으면서 메신저 사업을 준비하는 분들이 겪는 고민들을 듣고, 내가 가진 지식과 경험으로 작은 도움을 드리기 위해 노력했다. 그리고 그 내용들을 정리해서 온라인으로 강의를 하기 시작했다.

온라인으로 강의를 하면서 기존 수입의 5배가 되었다. 기존에는 10명 정도가 수업을 들었다면, 온라인으로 강의를 하면서 100명에서 300명의 수강생이 참여하기에 이르렀다. 지금의 조건에서 내가 할 수 있는 것에 집중하니 수입은 늘어났다.

책과 강연으로 성장하다

책은 씨앗과도 같다. 자라면 열매를 맺는다. 나에게 씨앗과 같았던 책. 즉, 나에게 가장 많은 도움이 되었던 책들을 책장의 한 칸에 다 모았다. 내 삶의 씨앗 도서 리스트를 만들었다. 메신저가 되기 위해서 필요한 추천도서를 알려달라고 이야기 하면 나는 나의 추천도서 리스트를 공유한다. 《읽는 대로 일이 된다》 책에서는 활화산형 책장과 휴화산용 책장에 대해서 나온다. 활화산형 책장은 세로형 책장이 좋다. 최

박현근 강사의

씨앗도서

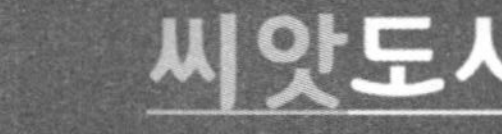
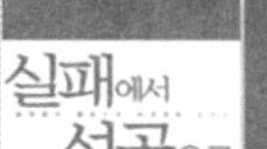

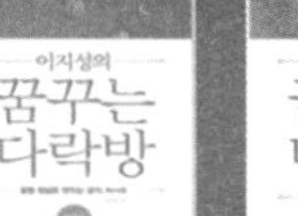

내가 글을 쓰는 이유
3개의 소원 100일의 기적
PINK PENGUIN 핑크펭귄
리스트의 힘
실패에서 성공으로
디지로그
거인의 어깨 위에
독서 천재가 된 홍대리
독서 천재가 된 홍대리 2
독서 천재 홍 팀장
바인더의 힘
본깨적
일본전산 이야기
성과를 향한 도전
하루 10분의 기적
THE STRATEGIC ENTERPRISE 관계우선의 법칙
내 인생에 용기가 되어준 한마디
쿨하게 생존하라
보물지도
카네기 인간관계론
이지성의 꿈꾸는 다락방
이지성의 꿈꾸는 다락방
꿈꾸는 다락방
지금의 조건에서 시작하는 힘
백만장자 메신저
시크릿
청소력
나는 한 번 읽은 책은 절대 잊어버리지 않는다
Winning Habit 이기는 습관
생각의 비밀
1日30分
질문형 영업
작은가게 성공매뉴얼

근에 가장 많은 영감을 얻은 책들을 별도로 모아두었다. 휴화산용 책장은 말 그대로 보관용 책장을 말한다.

B&B(Book and Binder)가 중요하다. 책을 읽고, 메모했다. 독서와 메모를 통해 변화되었다. 독서와 메모는 성공하는 사람들의 공통점이다. 자기계발 분야의 책들을 2,000권정도 읽었다. 성공한 사람들의 공통된 특징은 바로 독서광, 메모광이었다. 성공한 사람들의 습관에 대해 연구하고, 성공 습관을 따라 했다. 나는 따라쟁이다. 당신의 주변에 성공한 사람들을 관찰해 보라. 그들은 하나 같이 독서와 메모의 대가들일 것이다. 앞에서도 언급했듯이 성공한 사람들의 습관을 나의 습관으로 만들자.

우연히 만난 한 권의 책

당신에게는 우연히 만난 한 권의 책, 인생을 바꾼 한 권의 책이 있는가? 그것을 언제 만났고 어떻게 만났는지? 왜 좋았는지? 어떤 부분이 도움이 되었는지? 생각해보라. 이 부분들을 시작으로 글을 써보자. 블로그 포스팅 제목에 '나의 인생을 바꾼 한권의 책'이라고 쓰고 책을 소개해 보자. 좋은 책은 한 번만 읽지 말고, 반드시 여러 번 반복해서 읽어보자. 나는 좋은 책을 만나면, 20번에서 50번까지 반복해서 읽는다. 책이 너덜너덜 해질 때까지 반복해서 읽고, 또 읽는다. 좋은 책을 반복해서 읽으면 더 많은 것을 얻을 수 있다. 책을 읽을 때는 밑줄을 치고, 여백에 메모를 하고, 책 모서리를 접어서 다시 찾아보기 위한 표시를 한다. 그리고 그 책에서 배운 내용과 나의 인사이트를 더해서 사람들에게 공유한다.

나에게 가장 도움이 되었던 첫 번째 책은《독서 천재가 된 홍 대리》였다. 29살 때 배달 갔다가 늦게 왔다는 이유로 뺨을 맞았다. 그 사건을 계기로 내 삶을 돌아보게 되었다. 다른 삶을 살고 싶었지만, 어떤 삶을 살아야 할지는 막막했다. 강남역을 지나다가 우연히 책을 소개하는 플래카드를 보았다. 이 책을 읽고 책 뒤에 소개하고 있는 추천도서를 사 모으기 시작했다. 추천도서들을 말 그대로 씹어 먹었다. 계속 반복해서 읽었다. 읽고 또 읽었다. 책 속의 문장이 내 안에 살아 숨 쉬도록 하고 싶었다.

책을 통해 성공한 사람들의 생각을 읽었고, 전 세계의 대가들을 책을 통해 만났다. 현실은 고교중퇴 배달원이었지만, 나는 책을 통해 성공자의 마인드를 배워나갔다. 한 번 읽고 끝내지 않았다. 나의 첫 책《고교중퇴 배달부 연봉 1억 메신저 되다》책도 다시 반복해서 읽고 있다. 좋은 책은 10번, 20번, 50번씩 반복해서 읽어보자. 책 속의 문장이 내 안에 살아 숨 쉬도록 만들자. 책을 읽고, 한 가지를 실행하고, 책을 다시 읽고, 다른 한 가지를 실행하자. 책을 읽을수록 삶은 달라지게 된다.

반복해서 읽고, '수익화' 하는 데 도움이 되었던 책은《백만장자 메신저》,《성과를 지배하는 바인더의 힘》이다. 이 두 권의 책은 50번 이상 읽었다. 좋은 책일수록 반복해서 읽어야 한다. 재독을 통해서 저자의 생각을 복사할 수 있다. 저자의 생각을 나의 생각으로 장착할 수 있다. 반복해서 읽을수록 새롭게 얻고 깨닫는 것은 더욱 많아진다. 책을 읽는데 그치지 말고 반드시 아웃풋을 해보자. 네이버 블로그에 글을 쓰고, 블로그에 쓴 글을 복사해서 한글 파일에 저장하자. 나의 첫 번째 책도 이런 방법을 통해 3년 만에 출간을 하게 되었다. 지금 이 책도 블로그와 한글을 이용한 글쓰기로 출간이 되었다. 책을 읽는 인풋만으로 성장을 할 수 없다. 반드시 독서 후 깨달음을 글로 써보는 아웃풋이 수반되어야 한다. 매일 글을 쓰면 책이 된다. 아웃풋이 답이다.

'기적을 만든 작은 습관' 이 문장을 한 번 나만의 문장으로 바꾸어 보자. '나를 만든 작은 습관', '성공을 위한 작은 습관', '지금의 나를 있게 한 습관' 등 키워드를 계속 바꿔보자. 책 속에서 좋은 문장을 봤다면, 그것을 나의 문장으로 바꾸는 '비틀어 글쓰기'를 해보자. 책을 읽었다면, 나만의 생각을 자유롭게 표현해보자. 책의 여백에 메모하고, 그 메모들을 보며, 블로그에 독서노트를 쓰고, 글감들을 한글 파일에 누적시켜 기록하자. 그러면 당신도 저자가 될 수 있다. 나의 지식과 경험은 누군가에는 반드시 도움이 된다. 고교중퇴 배달부 박현근도 저자가 되었다. 당신은 더 좋은 책을 쓸 수 있다. 당신의 책 쓰기를 응원한다.

습관에 관심이 많다. 2012년 메신저 사업을 시작하는데 이은호 코치님이 도움을 주셨다. 습관교육센터를 운영하시며 습관에 대한 강의를 하셨다. 그분을 보며 강사의 꿈을 키워나갔다. 습관코칭센터 HCC(Habit Coaching Center)로 블로그와 명함을 만들었다. 나는 따라쟁이다.

성공하는 사람들의 습관을 따라 한다. 매일 책을 읽고, 메모하는 습관을 만들면 메신저로 성공할 수 있다. 글을 쓸 때는 세 가지로 정리해서 작성하는 것이 좋다. 제목을 먼저 쓰고, 3가지로 핵심을 정리한다. 서론, 첫째, 둘째, 셋째, 결론 이렇게 글을 쓰는 것이다. 이와 같은 방법으로 나만의 콘텐츠를 정리할 수 있다. '팟빵 어플'에 들어가면 1인 기업 김형환 교수의 무료 강연 음성들을 들을 수 있다. 1인 기업을 준비하는 사람들의 고민을 10분 동안 3가지로 핵심 내용들을 정리해주신다. 첫 번째, 두 번째, 세 번째, 이런 식으로 정리해주신다. 말을 하거나, 글을 쓰기 전에 생각정리를 먼저 해보자. 핵심을 3가지로 정리해서 말하는 습관, 글 쓰는 습관을 만들어 보자.

나도 메신저가 될 수 있을까

메신저 사업을 시작하며 나도 두려움에 휩싸이고는 했다. "나에게 배울 사람이 과연 있을까? 나는 대학도 나오지 않았는데, 고등학교도

자퇴하고 배달만 10년 했는데", "나는 나이가 어린데," 안 되는 사람은 맨날 안 되는 이야기만 한다. 코로나라서 안 되고, 나이가 많아서 안 되고, 나이가 어려서 안 되고, 경험이 없어서 안 되고, 나에게 누가 돈을 내고 들을까?라며 매일 부정적인 생각을 하고, 부정적인 말을 하다 보니 메신저 사업을 시작하지 못하는 것이다. 사람은 살아 있는 자석이다. 생각은 현실이 된다. 부정의 생각을 하면 부정의 결과가 나타나고, 긍정의 생각을 하면 긍정의 결과가 나타난다. 생각의 스위치를 전환했다. 나도 할 수 있다. 반드시 메신저가 된다.

내가 메신저 사업을 시작한 방법은 1로 시작한 것이다. 1:1 수업으로 시작했고, 수강료는 1만 원으로 시작했다. 1로 시작하자. 경험이 없다면 무료강의로 시작해도 된다. 그러나 반드시 기한을 두어야 한다. 《핑크펭귄》 책에서는 무료로 서비스를 제공할 때는 반드시 기한을 설정해야 함을 말한다. 10번 정도 무료 강의를 하며 연습의 기회로 삼아보자. 무료특강을 통해 수강생의 변화 사례를 모으자. 수강생들의 후기를 모으고, 성공 경험을 쌓은 후 11번째부터는 1만 원을 받고 하라. 수요가 많아지면, 가격을 인상해도 된다.

처음에는 1만 원을 받고 하고, 성공의 경험이 쌓이면 가격을 조금씩 인상을 하는 것이다. 두 번째는 3만 원, 5만 원, 10만 원, 100만 원으로 인상을 해 가면 된다. 많은 메신저 사업을 시작하는 초보 메신저들이 '수익' 만을 목적으로 시작을 한다. 하지만, 수익을 내는 것보다 선행되어야 하는 것은 작은 성공 경험을 쌓는 것이다. 처음부터 10만 원, 100만 원, 1,000만 원 벌려고 하면 안 된다. 1만 원 강의를 통해서 씨를 뿌려야 열매를 맺는다.

씨 뿌리기! 꼭 명심하기 바란다. 만원으로 씨를 뿌린다. 1만원 강의를 하더라도 가치는 10만 원 이상의 가치를 주어야 한다. 10배의 가치로 되돌려 주자.

"우와 이게 어떻게 만원이야!"

"수강생이 감탄하는 강의가 필요하다."

기대 이상의 것을 주어야 한다.

빈익빈 부익부다. 성공하는 메신저는 기대 이상의 것을 준다. 그래서 입소문이 나는 반면, 실패하는 메신저는 수익만을 목적으로 하다 보니, 자신의 노하우를 공개하지 않는다. 고가의 유료 과정을 수강하면 알려주겠다고 하고, 자신의 모든 것을 알려주는 것을 꺼린다.

가치와 공유의 시대이다. 경쟁이 치열할수록 더 많은 것을 공유해야 한다. 그래야 성공한 메신저가 될 수 있다. 무료 강의, 저가의 강의일수록 더 가치 있는 것을 제공해야 한다. 아낌없이 나눌수록 메신저로서 빠르게 성공할 수 있다. 내 것을 아낄수록 입소문이 나지 않고, 계속 신규 고객 모집에 대한 고민을 갖게 된다. 기대 이상의 것을 준다면 수강생들이 홍보대사가 되어 줄 것이다.

아낌없이 주는 나무가 되자. 수강생에게 내가 가진 지식과 경험을 아낌없이 제공했다. 소개가 끊이지 않는다. 위기 속에서 빛을 발하는 노하우는 지금의 상황에서 내가 할 수 있는 것에 집중하고, 수강생에게 아낌없이 제공하는 것이다. 반드시 수강료의 10배의 가치로 되돌려주자.

나를 위한 '찐한' 시간

나를 위해서 얼마나 간절한 시간을 보냈던가? 메신저가 되기를 원한다면 무엇보다 '찐한 시간' 나를 위한 찐한 시간을 보내야 한다.

자기계발, 나는 절실했다

나는 절실함이 있었다. 반드시 성공한다는 신념이 있었다. 간절함이 있었기 때문에 지금까지 메신저 사업을 지속할 수 있었다. 당신은 메신저 사업을 통해 성공하겠다는 절실함이 있는가? 먹고 살 만하니까. 지금 당장 안 해도 되니까. 움직이지 않는다. 메신저 사업의 승패를 가르는 것은 성공하고자 하는 간절함, 절실함이다.

메신저 사업을 시작하는데 필수로 필요한 블로그, 오픈 채팅방, 독서모임 운영방법을 다 알려 주어도 정작 사람들은 시작하지 않는다. 귀찮아서 시작을 안 하거나, 완벽한 준비가 되지 않아 시작을 하지 않는다. 나는 돈 만 원이 없어서 병원을 못가고, 돈이 없어서 삼각 김밥으로 끼니를 때웠다. 평생 이렇게 살고 싶지 않았다. 지금의 상황에서 벗어나고 싶었지만, 어떻게 지금의 상황을 벗어날 수 있을지 찾지 못했다. 그래서 누구보다 간절하게 성공에 대한 열망으로 미친 듯이 책을 읽고, 강의를 찾아다녔다. 빚을 내가면서 교육을 들었다. 평생 이렇게 살고 싶지 않으니까. 현실의 삶이 너무 고통스럽고 힘이 들어 다른 삶을 살고 싶었으니까. 간절히 메신저가 되고자 노력했다. 지금 보다 나은 삶을 꿈꾼다면, 나를 위한 찐한 시간들을 만들자.

먼저는 독서다. 항상 가방에는 책 한 권을 가지고 다니자. 이동할 때는 오디오북을 듣자. 긍정의 인풋이 있어야 긍정의 아웃풋을 낼 수 있다. 그리고 말을 바꾸자. 코로나 때문이 아니라 코로나 덕분에, 남편 때문에가 아니라 남편 덕분에, 엄마 때문에가 아니라 엄마 덕분에, 계속 말을 바꾸자. 감사 일기를 쓰는 것도 좋은 방법이다. 항상 긍정의 말을 하자. 항상 감사의 말을 하자. "고맙습니다. 감사합니다." 내가 갖지 못한 것이 아니라. 내가 가진 것에 감사하는 마음을 갖는 것이 중요하다. 말을 바꾸면 생각이 바뀌고 나의 삶의 모습도 달라진다.

강남에서 10년 동안 배달만 했던 내가 사람들에게 지식과 경험을 전하는 메신저가 되었다. 나를 위한 찐한 시간들을 보낸 결과이다. 내가 원하는 모습을 종이 위에 적고 그것을 이루기 위해서 내가 해야 할 것들을 실천했다. 종이 위에 기적, 쓰면 반드시 이루어진다. 내가 원하는 모습이 무엇인지 명확하게 아는 것이 중요하다. 그것을 이루기 위해서 집중하는 찐한 시간이 필요하다. 메신저가 되고 싶다면, 메신저의 타임을 가져야 한다.

평균적으로 한 달에 2000만 원 정도의 수익을 내고 있다. 많은 수익이 날 때는 한 달에 8,000만원까지 수익이 났다. 한 달에 200만원 버는 것이 소원이었던 내가 그 이상의 수익을 내고 있다. 방법은 이와 같다. 종이 위에 내가 받고 싶은 월 급여를 적었다. '나는 12월 2,000만원 벌었다.' 나는 나에게 월급을 준다. 한 달에 벌고 싶은 수입 목표를 명확하게 종이 위에 써서 붙여 놓는다.

세계적인 동기부여 강연가 브라이언 트레이시는 "목표 외에 나머지는 주석"이라고 말한다. 목표를 설정하는 순간 스위치는 켜진다. 나에게 코칭을 받은 많은 분들이 이 방법을 통해서 수입에 대한 목표를 이루었다. 코칭을 할 때마다 반복해서 묻는 질문이 있다. "한 달에 얼마 벌고 싶으세요?" 10명 중 8명은 월 천 만원을 벌고 싶다고 이야기 한다. 그러면 천 만 원을 벌기 위한 찐한 시간을 보내야만 한다.

성공하는 사람과 평범한 사람들의 차이는 되는 방법을 찾으면 반드시 실행을 한다는 것이다. 평범한 사람들은 아무리 되는 방법을 알려 주어도 실행을 하지 않고, 현실을 탓할 뿐이다. 제주도에서 바인더 코칭을 받으신 《오늘도 안녕하신지요?》 한미경 저자는 "냉장고의 기적, 붙이면 이루어진다."라고 이야기 한다.

글로 쓰는 그것보다 더 효과가 좋은 것이 사진이다.《당신의 소중을 꿈을 이루는 보물 지도》라는 책이 있다. 내가 갖고 싶은 것, 얻고 싶은 것, 하고 싶은 것들을 사진으로 시각화해서 보물 지도를 만들어 보자. 자신이 원하는 모습의 이미지를 구해서 냉장고에 붙여보자.

지식의 소비자에서 생산자로: 인풋에서 아웃풋으로

당신은 콘텐츠의 생산자인가? 소비자인가?
유튜브를 하는 사람이 돈을 버는가?
유튜브를 보는 사람이 돈을 버는가?
책을 쓰는 사람이 돈을 버는가?
책을 읽는 사람이 돈을 버는가?

콘텐츠를 소비만 하는 것이 아니라. 콘텐츠의 생산자가 되어야 한다. 생산자가 되기 위해 할 수 있는 작은 것부터 시도해보자. 나의 지식과 경험을 글로 쓰는 것도, 나만의 메시지를 유튜브에 영상을 찍어 올리는 것도 생산자가 되는 방법이다. 물론 아웃풋만 하라는 뜻은 아니다. 인풋도 필요하다. 컵에 물이 차야 넘친다. 밥을 먹었다면 화장실에 가야 한다. 계속 배우기만 한다면 눈만 높아지고, 아는 것만 많아져서 실행하는 것은 더욱더 어려워진다. 지금의 조건에서 아주 작은 것부터 시작하는 아웃풋을 실행하라. 실행을 위한 찐한 시간이 지금의 나를 만들었다.

독서모임 이렇게 시작하자

아웃풋을 하는 가장 좋은 방법은 독서모임이다. 독서모임에서 같은 책을 읽고, 나누면서 함께 성장할 수 있다. 초보 메신저는 자신이 모든 것을 알려 주어야만 한다고 생각하고, 부담을 많이 갖고 시작을 미룬다. 하지만, 독서모임으로 시작을 하면 쉽게 시작할 수 있다. 함께 모일 수 있는 환경만 리더가 만들어 주면 된다. 책을 중심으로 참여자들은 서로에게 배우면서 성장할 수 있다. 함께 책을 읽고 생각을 나누면 더 많은 것을 배울 수 있다. 독서로 인풋을 하고, 나눔을 통해 아웃풋을 하자.

독서모임을 시작하고 싶다면 다음을 실행해보자.

첫째, 세 군데 정도 온라인 유료 독서모임에 참여해보자.

내가 이 모임의 리더라고 생각하며 독서모임의 장단점을 분석해보자. 좋은 점은 내가 만들 독서모임에 접목시키고, 단점은 개선시킨다.

둘째, 블로그에 공지를 올려서 독서모임 신규 회원을 모집한다.

그 다음에 부족한 것들은 모임을 운영하면서 추가적으로 배워 나가면 된다. 나는 항상 공지를 먼저 하고 모임을 준비한다. 준비가 되어서 시작하려고 하니 실행이 늦어지는 것이다. 일단 시작하고 개선 시켜 나간다. 시작하고, 개선하고, 개선하자.

셋째, 독서모임 운영과정 수업을 듣는다.

나는 3P자기경영 연구소에서 진행하는 〈독서기본과정〉, 〈독서리더과정〉 수업을 듣고 독서모임을 운영하며 부족한 부분들을 개선시킬 수 있었다. 책으로는 《독서천재가 된 홍팀장》, 《대한민국 독서혁명》 두 권의 책이 도움이 되었다. 메신저 사업에서 독서모임의 중요성에 대해 이야기를 해도, 독서모임 준비만 몇 년씩 하는 분들이 너무나 많다. 내가 알고 있는 지식과 경험을 독서 모임을 통해서 아낌없이 나누어 주자. 독서모임을 운영할 때는 반드시 비용을 받아야 한다. 1만 원 받고 시작하자.

2020년 7월 1:1 코칭을 통해 만난 따라쟁이 습관 연구소 김일 소장은 독서모임과 독서모임 운영자반을 운영하면서 월 1000만 원의 수익을 달성했다. 다른 회원은 1:1 코칭을 받고 3개월에 10만원 재테크 독서모임을 만들어서 1,000만 원 이상의 수익을 달성하기도 했다. 독서모임은 시작에 불과하다. 독서모임을 통해서 사람들을 모으는 능력을 갖추면, 다른 교육 상품들도 추가로 판매할 수 있다.

안 된다는 생각이 나를 발목 잡는다. 성공의 가장 큰 방해요소는 다름 아닌 나의 생각이다. 나는 부족하다는 생각이 실행에 대한 발목을 붙잡고 있는 것이다. 당신이 가진 지식과 경험은 당신이 스스로 생각하는 것보다 훨씬 더 가치가 있다. 암묵지인 지식을 책이라는 형식지와 함께 사람들에게 전하는 독서모임을 지금 당장 시작해보라. 꼭 유료 독서모임을 만들어라. 무료로 하면 계속 지속할 수가 없다. 사람들이 적극적으로 참여하지 않고, 독서모임 운영자도 힘이 빠진다. 반드시 비용을 받고 그 이상의 것을 주어라. 1만 원 받고 그 이상의 것을 주자. 독서모임 회원들을 위한 독서노트나 선물을 준비하자.

강의를 시작하는 것이 두렵다면, 독서모임에서 책을 기반으로 미니 특강을 먼저 해보자. 책에 핵심 내용을 정리해서 20분 정도 설명해주는 것이다. 처음부터 1시간, 2시간 강의를 준비하기는 힘들지만, 20분 정도의 특강을 통해서 사람들에게 나의 지식과 경험을 전하는 경험을 작게 시작해보는 것이 좋다. 항상 인풋과 아웃풋을 같이 해야 한다. 인풋과 동시에 아웃풋을 지속하다 보면, 가속도가 붙는다.

나는 책을 읽으면 '우리 독서모임 회원들에게 이것을 어떻게 쉽게 설명해주지?' 하면서 책을 읽고, 새로운 강의를 들을 때도 우리 회원님들에게 이것을 전해줄 생각에 기쁘다. 나는 변화 하고 성장하고 싶었다. 독서모임을 만드니 함께 성장하는 모임의 리더가 되었다.

습관의 힘으로 세상을 이기자

좋은 습관이 나를 성공으로 이끈다. 성공한 사람들의 좋은 습관을 나의 습관으로 만들자. 습관을 만들기에 좋은 도구는 체크리스트이다. 체크리스트를 활용해서 꼼꼼하게 자신의 습관을 확인할 수 있다. 나는 3P바인더를 쓴다. 바인더에 목표를 작성하고, 목표를 위해서 내가 할 일을 써놓고 꼼꼼하게 확인 점검한다. 목표와 현재를 피드백하는 것이다. 어제와 다른 결과를 원한다면, 지금까지 하지 않은 다른 행동을 해야만 한다. 성공을 원하면서도 어제와 같은 행동을 매일 한다면, 내일도 같은 결과를 얻을 수밖에 없다. 나는 나의 목표를 이루기 위해서 오늘도 바인더에 목표를 작성하고, 그 목표를 달성하기 위한 행동을 기록하고 하나씩 점검하며 실행해 나간다.

내가 원하는 바를
명확히 아는 것이 먼저다

내가 원하는 바를 명확히 알게 되면, 그것을 얻기 위한 행동을 결정해야 한다. 생각만 하는 것과 기록을 하는 것은 천지 차이다. 내가 원하는 바를 명확히 알기 위해서, 반드시 종이 위에 작성해야 한다. 생각 속에만 있던 것들을 종이 위에 하나씩 적어가다 보면, 진정으로 원하는 것을 발견하게 된다. 원하는 것을 얻기 위해서 나는 어떤 행동을 해야 하는지 항상 고민하고, 원하는 것을 얻기 위한 구체적인 아이디어들을 기록하고 실행하자.

전국을 다니는 강사가 되고 싶었지만, 현실적으로 나는 고교중퇴 배달원에 불과했다. 매일 육체적인 노동으로 몸이 지쳤지만 꿈이 있었기 때문에 매일 그 꿈을 향해서 나의 시간을 할애했다. 꿈이 없었다면, 나의 시간을 허투루 사용했겠지만, 명확히 내가 나아가고 싶은 방향을 결정한 후부터는 시간을 헛되게 사용할 수 없었다. 항상 손에서 책을 놓지 않았다. 책을 읽을 수 없는 배달 시간에는 한 쪽 귀에 나의 롤 모델 강사들의 강연 MP3를 들으면서 다녔다.

내가 원하는 모습을 계속 바라보면 닮게 된다고 한다. 같은 책을 수십 번 반복해서 읽고, 하나의 강연 영상을 수십 번 반복해서 보고 들었다, 나는 지금도 재독하고, 재수강하는 것을 좋아한다. 반복해야 뼛속 깊숙이 새겨지고, 자극이 유지된다. 힘들 때마다 예전에 읽었던 책들을 꺼내 다시 읽는다.

나는 슬럼프에 빠질 때마다 프랭크 베트거의 《실패에서 성공으로》 책을 꺼내서 반복해서 읽는다. 처음 읽을 때 기록했던 메모들을 보면서, 그때의 뜨거움, 간절함. 열정, 초심을 잊지 않기 위해서이다. 처음 가졌던 그 마음을 잊지 않기 위해 노력한다.

나는 수없이 넘어지고 실패했지만, 다른 사람들은 나와 같이 실패하지 않게 돕고 싶다. 메신저 사업을 준비하며 너무 많은 시간과 돈을 낭비했다. 이제 메신저 사업을 시작하려고 하는 이들을 돕고 싶다. 그것이 나의 사명이다. 초보 메신저들이 시행착오 없이 성공하도록 돕고 싶다. 누구나 자신의 지식과 경험을 통해 수익을 내는 메신저의 삶을 살 수 있도록 돕고 싶다.

많은 강의를 들으면서 강사는 무엇보다 수강생을 사랑하는 마음이 있어야 함을 배웠다. 《정성으로 DID》 송수용 저자는 '강사'는 강의를 통해서 사랑을 전하는 사람이라고 했다. 돈을 위해서 강의하는 강사가 아닌, 수강생을 진심으로 사랑하는 강사가 되어야만 치열한 경쟁이 있는 강의 시장에서 살아남을 수 있다. 나는 수많은 시행착오를 했지만, 내가 겪은 실패들을 다른 사람은 하지 않도록 돕고 싶어 강의를 시작했고, 이 책을 쓰게 되었다. 고교 중퇴 배달부인 나도 성과를 냈기에 당신은 더 잘할 수 있다고 나는 믿는다. 이 책이 당신의 메신저 사업에 도움이 될 것이라 나는 확신한다.

벼랑 끝 전술

《모든 일에 마감 시간을 정하라》, 《실행이 답이다》 책에 보면 역산 스케줄링이란 말이 나온다. 원하는 모습을 설정하고, 그 모습이 되기 위해서 시간을 할애해야 한다. 그 모습이 되기 위해서 지금 내가 해야 하는 부분을 찾고 실천해야 한다. 성공하는 사람들은 항상 마감 시간을 정해놓고 일을 진행한다. 강의할 때도 강의를 언제 할지 D-day를 먼저 정하고, 그 강의 날짜를 중심으로 역산으로 계획을 세워나가야 한다. 나는 이것을 벼랑 끝 전술이라고 이야기 한다.

공지를 올리지 않으면 준비를 안 하게 된다. 강의 공지를 올리고 돈을 받으면 나의 마음 자세가 달라진다. 강의 날짜가 다가올수록, 집중해서 강의에 몰입하게 된다. 강의 날짜가 정해지면, 일상 속에서도 강의에 대한 소재들을 찾기 위해 노력을 하게 된다. 강의 준비를 위해 몰입된 상태에서 책을 읽으면 더 빨리 강의 콘텐츠들을 발견하게 된다.

나는 언제나 강의 공지부터 올리고 시작한다. 공지를 올리면 잠이 안 올 때도 있다. 유료 강의의 경우 부담감은 더욱 가중이 된다. 강의 공지를 올리면 준비를 안 할 수 없다. 나중에 하겠다는 것은 안 하겠다는 것이다. 공지를 올리는 것이 먼저다. 현장에 답이 있다. 완벽한 준비를 해서 강의할 수는 없다. 부족해도 현장 경험을 먼저 쌓고, 추후 개선하는 것이다. 다시 한 번 강조하고 싶다. 일단 시작 후 개선, 개선해 나가자.

> "인간의 의식은 분명한 목적을 갖기 전에는 목표 달성을 향해 움직이지 않는다. 목표를 설정할 때 성공은 이미 시작되는 것이다. 목표를 설정한 순간 스위치가 켜지고, 물이 흐르기 시작하고, 성취하려는 힘이 현실화되는 것이다"
>
> _영국 버밍엄대 린 데이비스 교수

강의를 할 때에는 학습 목표가 있어야 방향이 흐트러지지 않는다. 수업 전에 반드시 수업에 대한 학습 목표 설정을 한다. 강의에 대한 학습 목표가 없다면, 계속 다른 이야기를 하느라 시간을 낭비하게 된다. 흔히 말하는 삼천포로 빠지게 되는 것이다. 나는 강의를 통해 수강생들의 실행에 포커스를 맞춘다. 이 강의를 통해서 수강생이 어떤 변화를 기대하는지를 명확하게 목표설정 한 후 강의를 시작해보자.

강의 학습목표 설정하는 법

Know – 무엇을 알게 할 것인가?

Feel – 무엇을 느끼게 할 것인가?

Do – 무엇을 하게 할 것인가?

모객에 대한 목표를 설정한다

10명을 모을 생각으로 모집을 시작하면, 10명이 모집이 되고, 100명을 모집한다는 생각으로 모집을 하면 100명이 모집이 된다. 모집마감 날짜 옆에 모집 목표 인원을 작성하고, 그 인원이 모집이 되지 않았을 때는 모집 미달의 원인을 분석한다. 피드백이 중요하다. 《PDCA 노트》 책을 추천한다. 다음 강의 모집 시에 어떤 것을 개선해야 할지를 생각한다. '성공 노트', '실패 노트'를 작성하는 것도 하나의 방법이다. 자신이 어떤 노력을 해서 모집이 잘 되었는지, 왜 모집이 안 되었는지 스스로 분석하는 능력을 키워야 한다. 외부 환경보다 중요한 것은 내가 어떤 노력을 했을 때, 결과가 달라지는 것을 아는 것이다. 모든 문제의 답은 내 안에 있다. 목표를 이루기 위해서 현재 내가 해야 하는 부분을 찾고, 그 목표를 이루기 위해서 최선을 다한다.

나는 항상 목표에 집중한다!

나는 항상 목표에 집중한다!

나는 항상 목표에 집중한다!

3장

실전! 메신저 노하우

자신만의 메시지를 찾는 7가지 방법

사람들은 누구나 자신의 지식과 경험이 있다. 그런데 그것이 얼마나 가치 있는 것인지 모른 채 살아가는 경우가 많다. 나는 코칭을 통해 사람들의 강점을 발견하게 돕고, 숨겨진 보석을 찾아 빛을 발하도록 돕는 일을 하고 있다. 누구나 자신이 가진 강점을 통해 사람들의 성공을 돕고, 수익까지 내는 메신저가 될 수 있다. 처음부터 크게 시작하려고 하면 시작을 미루게 된다. 사무실이 없어도 되고, 책을 쓰지 않아도 된다. 지금 가진 스마트폰과 노트북만으로도 얼마든지 수익을 낼 수 있다. 나에게 스마트폰과 노트북은 언제 어디서든 돈을 벌어주는 금전 출납기와 같다. 무엇보다 중요한 것은 자신만의 메시지를 찾아야 한다. 그 메시지를 찾아 온라인을 통해서 얼마든지 수익을 내는 메신저의 삶을 살 수 있다. 그 메시지를 찾기 위해서는 다음과 같은 노력이 필요하다.

1. 자신의 아이디어를 메모한다.

자신의 생각은 암묵지(나의 경험, 지식, 아이디어)이다. 자기 생각을 메모로 남겨 형식지로 남긴다. 메모는 2가지로 할 수 있는데, 아날로그 메모로는 3P바인더를 추천한다. 바인더는 기록을 한 후 주제별로 분류를 하기에 편리하다. 포스트잇에 작성한 메모들도 바인더에 붙여서 분류를 하고 있다. 자료를 수집하고, 분류하고, 활용하자. 디지털 메모로는 Notion을 추천한다. Notion의 장점은 무료이다. 그리고 검색과 분류가 편리하다. 나는 이동 중에 떠오르는 아이디어를 스마트폰으로 Notion앱을 통해 수집하고, 컴퓨터를 통해 분류한다. 추가적인 세부 기록들을 남긴다. 주제별로 카테고리를 정해서 분류한다. 메신저에게 중요한 것은 번뜩이는 아이디어를 관리하는 일이다. 나는 아이디어가 곧 돈이라고 생각한다. 자신의 아이디어를 끊임없이 메모하고, 그 메모를 통해서 콘텐츠를 정리해나가자.

2. 독서를 통해 아이디어를 얻는다.

메신저는 끊임없이 독서해야 한다. 하루에 50쪽을 목표로 해서 책을 읽으며 밑줄을 긋고, 중요한 쪽의 책 모서리는 접는다. 책을 읽으며 떠오르는 아이디어는 책의 여백에 기록으로 남기고, 그 아이디어는 노트에 별도로 정리를 한다. 새로운 인풋이 없으면 절대 아웃풋을 할 수 없다. 독서는 성공하는 메신저의 필수요소이다. 가방에는 항상 책 한 권을 넣어 다니고, 책을 읽기 어려운 이동 시간에는 오디오북을 듣는다. 인풋의 양이 아웃풋을 결정한다.

3. SNS 통해 자신의 아이디어를 알린다.

경쟁이 치열할수록 더 많이 공유한다. 사람들은 좋은 아이디어가 있으면 숨긴다. 내 것을 빼앗긴다고 생각하기 때문이다. 좋은 아이디어를 얻었다면, 그것을 먼저 SNS 도구를 통해 세상에 알리자. 블로그에 책을 통해서 얻은 아이디어를 기록으로 남겨보기를 추천한다. 꾸준한 블로그를 기록하면, 글들이 모여서 책이 된다. 책을 쓰려고 하지 말고, 글을 쓰자. SNS를 꾸준히 하면, 글을 쓰는 능력을 키울 수 있다.

4. 세상을 바라보는 시선을 바꾼다.

《성공하는 사람들의 7가지 습관》 스티븐 코비 박사는 자신의 관점이 즉 자신의 안경이라고 표현했다. 파란 안경을 끼고 세상을 보면 파란색으로 보이고, 빨간 안경을 끼고 세상을 바라보면 빨간색으로 보인다. 내가 어떤 관점으로 세상을 바라보느냐에 따라서 다르게 보인다. 코로나를 위기로 볼 것인가? 기회로 볼 것인가? 코로나 상황 속에서 어떤 사람은 돈을 벌고, 어떤 사람은 돈을 잃어가고 있다. 하지만, 뉴스에서는 잘 되는 이야기보다는 어려운 이야기들로 도배가 되어 있다. 관점을 다르게 보는 것이 중요하다. 관점의 차이, 생각의 차이가 중요하다. 힘든 상황 속에서도 "아휴 힘들어 죽겠다. 어려워 죽겠다." 고 한탄하는 것이 아니라. "왜 나에게 이러한 기회가 주어졌을까? 이것을 통해서 나는 무엇을 배울 수 있을까?" "이것을 통해서 나는 어떤 교훈을 배울 수 있을까?" 그 어려움 속에서 기회와 교훈을 발견하자. 성공한 사람들의 공통점은 생각의 차이다. 아무리 어려운 상황에서도 될 수밖에 없는 방법을 찾아낸다. 나는 "코로나 덕분에"를 외쳤고, 수강생들에게도 "코로나 덕분에"라고 외치게 하고 있다. 코로나 덕분에 나는 온라인 시장에서 자리를 잡을 수 있었고, 6개월 만에 2억의 매출을 달성했다.

5. 내가 도울 대상을 찾는다.

당신은 어떤 사람을 돕고 싶은가? 그들에게 어떤 메시지를 전하고 싶은가. 당신이 만약 아픔과 상처가 있다면 그것은 최고의 메시지 소재가 된다. 나의 아픔과 상처를 통해서 타인을 도울 수 있기 때문이다.

사연 없는 사람은 없다. 나의 아픔과 상처를 공개하면 내가 치유가 되고, 나의 메시지를 읽고, 보는 사람이 치유함을 얻는다. 내가 먼저 아프고 힘들어 봤기 때문에 도울 수 있는 것이다. 크게 성공하고 유명해서 타인을 도울 수 있는 것이 아니라, 아프고 힘들었기 때문에 타인을 도울 수 있는 것이다. 내가 아프고 힘든 시간들을 어떤 노력을 통해서 견디고 이겨내었는지 그 방법을 공유하자. 나는 힘들고 어려운 시간들을 독서와 메모를 통해서 극복했다. 이것이 나의 콘텐츠이다.

6. 끊임없이 배움을 통해 나 자신의 메시지를 발견한다.

성공하는 사람은 배우는 사람이다. 좋은 강의가 있으면 세계 어디이든, 가방 하나 들고 교육을 받으러 떠난다. 브라이언 트레이시도 바로 그런 사람이다. 내가 만난 성공한 사람들은 모두 배움의 대가들이다. 일반 사람들과 성공한 사람들의 차이는 바로 지식의 차이다. 성공하는 사람들은 배움에 대한 아낌없는 투자를 통해서 더 큰 성공을 얻는 반면, 평범한 사람들은 배움에 대한 투자를 아낀다. 배움은 소비가 아니라 투자이다. 배움을 돈으로 바꾸는 능력을 기르자. 배운 것을 실행하면 돈이 된다.

7. 자신의 메시지를 지식 상품으로 만든다.

좋은 아이디어 제품이 출시가 되면, "그거 나도 생각했던 거야.", "나도 그런 거 만들 수 있겠다."라고 생각한다. 성공하는 사람들은 아이디어에서만 그치는 것이 아니라. 아이디어를 현실로 만들어 낸다. 머릿속에만 담아두지 않는다. 번뜻 떠오른 아이디어를 빠르게 붙잡아, 현실로 만들어 낸다. 생각을 번개처럼 빠르게 현실로 만드는 사람이 성공한다. 성공하는 사람은 오늘 할 일을 내일로 미루지 않는다.

주변에 내일부터라는 말을 습관처럼 이야기하는 사람들이 많다. 오늘 하지 않은 일을 내일부터는 잘 할 수 있을까? 내일부터 하겠다는 것은 안 하겠다는 말이다. 내일은 그 다음 날로 연기되기 쉽다. 내가 만난 성공하는 사람들은 해야 할 일이 마무리되지 않으면 밤잠을 자지 않을 정도로 그날 해야 할 일은 꼭 그날 마무리하는 사람들이었다. 성공의 핵심은 생각이 아니라 행동이다. 생각은 누구나 할 수 있다. 행동하는 것은 다른 문제다. 생각으로만 그치는 것이 아니라. 행동하는 삶, 실천하는 삶을 살기 위해 노력하자.

나는 마진율이 높은 지식 상품 유통에 관심이 많다. 강의 영상을 제작해서 판매를 하거나, 소책자를 제작해서 판매하는 것이다. 이것은 마진율이 100%이다.

나의 지식과 경험으로 지식상품을 만들자. 고객이 불편해 하는 것을 해결할 수 있는 나만의 아이디어를 찾아보자. 당신만이 해결해줄 수 있는 고객의 문제는 무엇인가? 고객의 불편을 해결해주면 비즈니스가 된다. 고객의 문제를 해결할 수 있는 솔루션을 찾아보자.

책을 출간하라

"성공의 핵심은 행동이다."

_브라이언 트레이시

앞장에서도 이야기했지만 성공하는 사람은 행동하는 사람이다. 항상 해야지 생각만 갖고 있고, 행동하지 않는 사람들이 대부분이다. 더 나은 삶을 살고 싶지만, 어제와 같은 행동으로 오늘 하루도 살아간다. 내일의 모습이 달라지기 원한다면 오늘 작지만 어제와 다른 행동을 시도하는 것이 중요하다.

책 쓰기도 그렇다. 누구나 자기 삶의 기록을 남기고 싶어서 한다. '내가 이 세상에 왔다 갔노라.' 이야기 하고 싶어 한다. 지금 하는 일에 대한 전문성을 알려 더 많은 사람에게 영향력을 미치고 싶어 한다. 작가라는 말은 듣고 싶고, 멋지게 사인도 하고, 출간기념회도 하고 싶어 하지만, 책을 쓰겠다는 작심만 할 뿐 글은 쓰지 않는다. 내가 오늘 쓴 한 장의 글이 모여 책이 됨에도. 글은 쓰지 않고 책부터 내고 싶어 하는 경우들을 보게 된다. 모든 일에 순리가 있듯이 글을 써야만 책이 된다. 글을 쓰기 전에는 독서해야 한다. 책을 읽어야 글을 쓸 수 있고, 글을 써야 책이 된다. 오늘부터 책 한 장을 읽고, 단 2줄의 글을 써보는 것은 어떨까? 큰 것을 이루기 전에 아주 작은 행동부터 시작해 보면 좋겠다.

흩어진 자료를 한 군데에 누적시키자

책 쓰기를 위해 책을 꾸준히 읽고 있다면 다음으로는 메모 법에 관해 알아야 한다. 메모를 할 때는 나는 Notion앱을 주로 사용한다. 흩어진 메모를 관리하기는 어렵다. 한 군데 집중해서 기록을 하고, 주제에 따라 분류한다. 수집하고, 분류하고, 활용하는 것이다. 일상의 조각을 모아 글을 써보자. 삶의 에피소드를 모으자. 좋은 아이디어. 다른 사람에게 도움이 될 만한 정보들을 모두 모아 기록으로 남기자. 그리고 그 메모의 조각, 조각들을 보면서 블로그에 포스팅 하자. 블로그에 글을 쓰기 전에 글감을 모으는 일이 선행되어야 한다. 그렇게 하면, 블로그 글을 쓰는 시간도 단축시킬 수 있고, 양질의 콘텐츠를 생산할 수 있다.

만약 당신이 나와 같이 책을 쓰고 싶다면 먼저 글감을 모으고, 두 번째, 블로그에 포스팅해보자. 세 번째로는 작성한 글들을 수정하며 한글 프로그램에 글을 누적해서 기록해야 한다. 초고는 쓰레기이다. 완벽한 글을 쓰려고 하지 말고, 매일 단 한 줄도 좋으니 글을 쓰는 습관을 만들자. 나의 글쓰기 롤모델 이은대 작가는 항상 이야기한다.

"매일 글을 쓰면 책이 된다."

책을 내고 싶은 마음은 갖고 있지만, 매일 글을 쓰는 행동으로 옮기는 사람은 많지 않다. 나도 3년 동안 블로그에 꾸준히 써온 글들을 모아서 《고교중퇴 배달부 연봉 1억 메신저가 되다》라는 책을 출간하게 되었다.

지금도 새벽 6시에 책상에 앉아 글을 쓰고 있다. 내일은 없다. 내일 아침에 글을 써야지 미루게 되는 순간, 책 쓰기는 영영 멀어지게 된다. 나도 그렇게 미뤘기 때문에 책 한 권을 쓰는데 3년이란 긴 시간이 걸렸다. 하루에 단 한 줄도 좋으니 매일 글을 쓰게 되면, 반드시 책이라는 결과물이 나오게 된다. 정말 매일 글을 쓰면 책이 된다.

다시 한 번 이야기하지만, 글을 쓸 때 중요한 것은 하나의 파일에 누적시켜 가면서 작성하는 것이다. 여기저기 흩어서 기록을 하면, 나중에 취합하는 데 어려움을 겪게 된다. 그래서 반드시 하나의 한글 파일에 아래로 붙여가면서 계속 이어서 작성을 해보자.

A4용지 100쪽이 되면 책 한 권의 초고 작업이 끝나게 된다. 초고

작업과 함께 꾸준한 블로그 포스팅을 해왔다면 출판사에서 먼저 연락이 올 수도 있다. 나의 수강생 중에 블로그를 통해 출판사로부터 출간 제의를 받은 저자들이 여러 명 있다. 매일 글을 쓴다면 분명히 당신의 책이 세상에 나오게 될 것이다. 책이 나온 후에 홍보를 하는 것이 아니라, 책이 써지는 과정을 사람들과 공유하자. 결과보다 중요한 것은 과정을 공유하는 것이다. 책을 써가는 과정을 공유하면, 독자들은 당신의 책을 기다릴 것이다. 첫 책도 이와 같이 매일 쓰는 과정을 블로그에 공유함으로써 책 출간 하루 만에 베스트셀러가 될 수 있었다. 지금은 매일 아침 6시에 글을 쓰는 과정을 줌을 통해서 보여주고 있다. 결과를 보이려고 하지 말고 과정을 공유하자.

책에서 가장 중요한 것은 제목과 목차다. 제목과 목차를 보고, 나만의 문장으로 비틀어 글을 써보는 훈련을 해보자. 온라인 서점 YES24에 들어가서 베스트셀러 책들의 제목과 목차를 보며, 어떻게 나에게 맞게 바꿀 것인가를 고민해보자.

예를 들어 《실행이 답이다》 책이라면, 메모가 답이다. 독서가 답이다. 운동이 답이다. 이런 식으로 나만의 단어를 넣어서 문장을 바꿔 보는 것이다. 누구나 가지고 있는 지식과 경험이 있다. 당신이 가진 지식과 경험은 당신 스스로 생각하는 것보다 훨씬 더 가치가 있다. 그것을 다른 책의 도움을 받아서 글을 써보자. 책은 마중물이다. 책의 좋은 문장과 단어는 내 안의 잠재능력을 끌어내는 데 도움을 준다.

책의 시작 부분에는 자신의 아픔을 드러내는 것이 좋다. 제품을 팔지 말고, 자신을 팔아야한다. 하지만, 많은 초보 메신저가 자신은 숨긴 채, 상품만을 판매하려는 모습을 보인다. 자신의 얼굴을 나타내는 것을 싫어하고 아픔을 겪었던 것들, 힘들었던 이야기를 안 하려고만 한다. 그러면 안 된다. “인생은 W다.” 나에게 있어 가장 힘들었던 시간을 어떻게 극복했는지, 이것이 최고의 콘텐츠다. 이것이 나만이 이야기할 수 있는 가장 강력한 콘텐츠다. 나의 스토리는 아무도 훔쳐갈 수 없다. 다른 사람이 이야기할 수 없는 나만의 이야기이기 때문이다. 나에게 가장 힘들었던 시간을 모두 꺼내 글로 써보자. 그것을 먼저 이야기하자. 그러면 사람들이 공감한다. 당신의 아픔과 상처를 통해서 다른 사람들이 치유 받게 된다. 《고교중퇴 배달부 연봉 1억 메신저 되다》 책을 읽고, 사람들이 치유함을 받았다고 감사 연락을 많이 해왔다. 나의 아픔과 상처를 글로 세상에 드러내자 글을 읽고 용기와 희망을 얻는 사람들이 생겨났다. 당신의 아픔과 상처를 극복한 이야기가 최고의 콘텐츠이다. 글로 사람들을 돕는 메신저가 되자. 당신이 스스로 속마음을 드러내면 고객들도 마음을 열고 다가올 것이다.

SNS는 생존 도구다

우리 모두는 마케터가 되어야 한다

좋은 제품을 가지고 있어도 SNS 홍보를 하지 않으면 아무도 구매하지 않는다. 요즘에는 스마트폰으로 구매가 일어나기 때문이다. 어떤 물건을 구매할 때에 스마트폰으로 구매를 하고, 클릭 몇 번과 결제를 통해 집으로 제품을 배송 받을 수 있는 참 편한 세상에 살고 있다. 나의 좋은 강의, 나의 좋은 상품이 있는데 이것을 홍보하지 못한다면 어떻게 될까? 자신이 가지고 있는 것이 정말 좋은 것이라고 자부하면서도 홍보에 신경을 쓰지 않는 사람들을 보게 된다. 이거는 너무 좋은 제품이라 사람들이 반드시 알아줄 것이라고 호언장담한다. 스스로 마케팅을 하지 않으면 절대 안 된다고 생각된다. 나 또한 처음에는 마케팅의 '마'자도 몰랐다. 강의를 시작하고 싶었지만, 내 강의를 들어 줄 사람들을 어디서 만나야 할지 몰랐다.

2013년에는 소모임이란 어플을 통해서 강의 수강생을 모집했다. 자기계발에 관심이 있는 사람들에게 5,000원 정도의 장소 대여비만 받고 강의를 진행했다. 1명이 온 날도 있었고, 5명이 온 날도 있었다. 하지만, 매주 강의를 진행했다. 쉬지 않고 매주 강의를 진행했다. 사람의 수에 연연하지 않았다. 인원이 적어도 절대 폐강하면 안 된다. 내 사전에 폐강은 없다.

그 다음에 시작한 마케팅이 페이스북이다. 그동안에는 책 속의 좋은 글과 먹는 음식 사진 등을 찍어서 올리던 페이스북에 강의 공지를 올리고, 강의 후기 등을 올리면서 강의를 찾는 사람들이 조금씩 늘어나기 시작했다. 하지만, 페이스북을 사용하는 사람들이 생각보다 많지 않았다. 다른 마케팅 도구가 필요했다.

지인의 소개로 블로그 전문가에게 1:1 컨설팅을 받고, 2015년부터 본격적으로 네이버 블로그에 글을 집중해서 쓰기 시작했다. 내가 쓰는 글들이 상위에 노출되었고, 매일 하루에 5~10통의 강의 문의 연락이 오게 되었다. 한 달에 한 번도 진행하기 힘들었던 강의를 한 달에 20회 하게 되었다. 나는 수강생들에게 네이버 블로그를 꼭 하라고 이야기한다. 우리가 어떤 것을 검색할 때에 꼭 찾아보는 곳은 네이버다. 네이버 블로그를 이용하면 나의 콘텐츠를 무료로 많은 사람들에게 홍보할 수 있다. 내가 쓴 글이 내가 잠을 자고 있는 동안에도 나를 홍보해준다.

전문 마케팅 대행사를 통해서 자료를 주고, 일정 비용을 내고 광고를 진행할 수도 있지만, 내가 직접 광고를 할 줄 알아야, 다른 사람에게도 방법을 알려줄 수 있다. 반드시 처음에는 직접 블로그에 글을 써 보기를 바란다.

블로그를 처음 시작하는 것이 고민이 된다면 이와 같이 해보기를 바란다. 글쓰기 버튼을 누른다. 책 속에서 가슴에 와 닿는 좋은 한 문장을 써 놓고, 그 아래에 자신의 이야기를 써 내려가 보자. 처음에는 이렇게 글쓰기 훈련하는 것이 좋다. 처음에는 자신이 하고 싶은 말들을 표현하는 데 어려움을 겪게 된다. 책 속에 좋은 문장을 통해 나만의 글을 쓰는 습관을 만드는 것이 좋다.

씨앗을 뿌려야 열매를 맺을 수 있다. 브랜딩의 원리와 같다. 지속적인 SNS 땅에 씨앗 뿌리기, 물을 주고, 거름을 주고 관리를 해야 열매를 맺을 수 있듯이. 수강생 모집도 이와 마찬가지다. 씨를 뿌리지 않으면 가을에 열매를 얻을 수 없다. 내가 얼마나 SNS라는 공간에 나를 알리는 셀프 브랜딩을 했는가에 따라 결과는 달라진다. 나의 지식상품을 판매하기 전에 세상에 내가 어떤 사람인지를 먼저 알리는 신뢰쌓기가 먼저 되어야 한다.

사람의 기척

조성민 저자의 《작은 가게 성공 매뉴얼》이란 책에 보면, '사람의 기척'이라는 말이 나온다. 사람들이 많은 곳에 사람들이 더 몰린다는 이야기다. 우리도 길을 가다가 사람들이 줄을 선 곳을 보면 그곳에 가서 줄을 서서 먹고 싶어진다. 강의도 마찬가지다. 나의 강의에 사람들이 많이 모이게 하는 방법은 1만 원 설명회를 먼저 여는 것이다. 본 강의 전에 반드시 설명회를 진행해야 한다. 설명회를 통해 20~30명의 사람을 모으고, 강의장 뒤쪽에서 강의장 전체가 한 장의 사진에 나오게 사진을 촬영한다.(온라인 강의로 진행한다면, 반드시 강의 후에 단체 사진을 캡쳐해서 다음 홍보 자료로 사용한다) 이때 강의 홍보용 현수막 배너를 세우거나, 강의장 전면에 강의 내용과 관련된 현수막을 붙여 놓는 것이 좋다. SNS에 사진을 올릴 때 많은 사람이 함께 모여 있는 사진을 보면, 의식적으로 궁금해진다. '이곳은 어떤 것을 가르치기에 사람들이 많이 모였지?'라고 생각을 하고 자세히 보게 된다.

강의할 때에 꼭 강의 사진을 남기자. 강의 수강 후기를 수강생분 들이 자필로 현장에서 작성하도록 하는 것이 좋다. 포스트잇에 오늘 강의에서 느낀 점을 적어 달라고 해도 좋고, 강의 후기 양식을 별도로 만들어서 사용하는 것도 좋다. SNS 하는 수강생들에게는 특정한 제목과 태그를 넣어달라고 구체적으로 이야기를 하자. 강의 후기를 남기신 분들에게 책을 선물로 보내주거나, 기프티콘을 보내줄 수도 있다. 돈으로 살 수 없는 가치 있는 자료를 보내드리는 것도 좋다. 나의 경우에는 강의 영상을 촬영 후 수강 후기를 SNS에 남겨주신 분들에게 영상과 강의교재 PDF파일을 보내 드린다. 수강생에게 수강후기를 꼭 요청하자.

설명회 현장에서 반드시 본 과정 강의 신청서를 준비한다. 강의 신청서 작성을 통해서 다음 본 과정을 오늘 바로 등록할 수 있게 한다. 현장에서 등록할 시 할인 혜택을 드리거나, 현장에서 등록할 시, 책을 선물로 드리는 것이 좋다. 눈에 보이는 상품을 미리 준비해서 오늘 등록하신 분들은 바로 이것을 가지고 가실 수 있게 하는 것이다. 본 강의에 대한 수강 신청서를 작성하지 않은 사람들에게는 1~2일 후에 안내 전화를 한 번 더 드린다. 한 번 더 연락을 할 경우 수강 확률은 50%가 더 올라간다. 선택은 수강생의 몫이다. DID정신을 가지고 한 번 더 용기를 가지고 전화를 하느냐? 하지 않느냐에 따라 나의 수입이 달라진다.

설명회 과정을 통해서 관심을 가졌고, 본 과정에 대한 관심도가 상승한 상황이다. 이때 전화를 해서 본 과정 수강 시 얻을 수 있는 혜택에 대해서 자세하게 설명을 해 드리면 본 과정을 망설이던 분들이 결정을 하게 된다. 본 과정 수강에 대한 고민을 하는 수강생들을 위해 적극적으로 연락을 취해, 본 과정에 대한 안내를 상세하게 해야 할 필요가 있다. 이때 필요한 것이 DID(들이대) 정신이다.

본 과정 안내에 대한 SNS 글을 포스팅 할 때 본문 글 공유를 통해서 할인 혜택을 제공할 수도 있다. 〈한 달 온라인 성공 독서 습관〉 교육을 진행할 때에 블로그에 강의 안내 포스팅을 작성했다. 강의 홍보 포스팅을 자신의 블로그로 공유한 사람에게는 할인 혜택을 제공했다.

방법은 내가 쓴 본문 글을 각자의 SNS에 공유한 후 비밀댓글로 공유한 링크를 남겨주면 할인된 결제 링크를 별도로 제공했다. 간단히 공유를 하는 것으로 1만 원 할인 혜택을 받을 수 있으니 많은 사람이 글을 공유하게 되었다. 그 공유된 글들을 통해서 신청자가 급증하게 되었다. '공유 이벤트'는 강력히 추천하는 방법이니, 홍보 글을 쓸 때 접목해보기를 바란다.

SNS 채널을 효율적으로 운영하고 싶다면

피터 드러커는 '성과를 올리는 것은 습득될 수 있다'라고 했다. SNS를 하는데 중요한 것은 간절함이다. 나의 지식과 경험을 다른 사람들에게 나눠주고자 하는 간절한 마음이 있다면 성공할 수 있다. 많은 사람들이 자신이 가진 지식과 경험을 전하지 않으려고 하니 말이다. 유튜브를 시작하는 것을 권장하지만, 얼굴을 노출하는 것에 대해 부담이 되는 사람들은 쉽게 시작할 수 있는 플랫폼이 팟빵이다. 나는 TX650 소니 녹음기로 녹음을 해서 팟빵에 음성 파일을 업로드 한다. 글을 쓰는 것이 편한 사람은 네이버 블로그로 먼저 시작하면 좋다. 나는 블로그에 글을 쓰고, 그 내용을 복사해서, 브런치와 페이스북에 동시에 공유를 하고 있다. 하나의 콘텐츠를 다양한 곳에 공유하는 원소스 멀티유즈를 통해 짧은 시간에 나의 콘텐츠를 세상에 알릴 수 있다.

내가 알고 있는 지식과 정보를 통해 다른 사람들에게 유익한 정보를 제공하는 것이 바로 메신저다. 온라인을 통해 무료로 유익한 정보를 지속적으로 제공하면, 추후 유료 강의나, 유료 컨설팅도 가능하게 된다. 예를 들어 길가는 사람에게 다짜고짜 결혼하자고 하면 결혼을 할 수 있을까? 먼저 서로를 알아가는 시간이 필요하다.

고객은 처음에 바로 나의 강의를 신청하기보다는 온라인으로 비교, 검토하는 시간을 갖는다. 우리가 어떤 제품을 살 때에 인터넷에서 비교 검색을 통해서 구매하는 것과 같은 이치이다. 온라인에 양질의 정보를 많이 올릴수록 더 많은 잠재고객이 모여지게 된다. 가장 가치 있고 좋은 정보의 일부를 온라인에 올려야 한다. 낚시할 때에도 밑밥을 많이 뿌릴수록 고기를 많이 잡게 된다. 양질의 먹음직스러운 미끼를 뿌리지 않으면 고기를 잡을 수 없다.

뿌린 대로 거두는 것이 세상의 이치다. 나의 자료는 너무 소중하니까. 절대 온라인에 공개할 수 없다고 생각하면 고객의 모집은 힘들어진다.

그물 – 네이버 블로그

어장 – 오픈 채팅방, 네이버 카페, 독서모임

카카오 오픈채팅방 운영

오픈 채팅방은 유료 수강생 전용 카톡방과 강의에 관심이 있는 모든 사람이 모인 무료 카톡방으로 분리하는 것이 좋다. 유료 수강생 카톡방의 경우 한 달간 운영을 하고, 전체 방으로 통합해서 관리를 하고 있다. 나와 한번이라도 만남이 있었던 사람들과 지속해서 관계를 유지하는 것이 핵심이다. 네이버 카페의 경우 회원등급을 조절해서 관리하고 있다. 강의에 관심이 있어서 들어온 일반 회원과 유료 회원들이 볼 수 있는 자료를 등급을 나누어 관리하고 있다.

잠재 고객의 확보를 위해서 무료 오픈채팅방을 운영하지 않는다면, 매번 모집에 대한 고민을 하게 될 것이다. 무료 오픈채팅방에서 지속적으로 무료 특강 및 무료 콘텐츠(소책자, 무료 강의 영상)를 제공함으로써 고객과의 신뢰를 쌓아 나가는 것이 중요하다.

유튜브 운영

스마트폰으로 방 문, 창 문 소개 영상을 찍어 유튜브에 올려 대박이 터진 사례가 있다. 정말 간절함이 보이는 영상이다. 꼭 한번 시청해보기 바란다. 어떤 화려한 편집 기술이 아닌, 나의 제품을 사람들이 알아주기를 원하는 간절한 마음이 보이는 영상이다. 나 또한 편집 하나 없이 스마트폰으로 촬영해서 올린 영상이 많은 조회 수가 나와서 나의 강의를 많은 분들에게 알리는 계기가 되었다. 중요한 것은 간절한 마음이다.

창문 사장님 영상
https://www.youtube.com/watch?v=5qtWL9HHrNA

관계 우선의 법칙

빌 비숍의 《관계우선의 법칙》 책을 보면, 제품을 우선시 하는 것보다, 관계를 우선시 하는 것이 더 중요하다고 이야기한다. 나의 제품, 나의 상품, 나의 교육이 좋다고 이야기하기보다는 고객과의 관계를 우선시하고, 고객에게 필요한 제품, 고객에게 필요한 교육 상품을 제공해야 한다. 예를 들면, 책을 읽다가 고객에게 필요한 정보가 있으면 사진을 찍어 고객에게 카톡을 보낸다. 고객이 꼭 알아야 하는 정보가 있으면 연락을 해서 알려 드린다. 고객에게 도움이 될 만한 사람이 있으면 소개를 해준다. 무조건 나의 강의가 좋다가 아니라. 고객이 필요로 하는 정보를 맞춤으로 제공해야 한다. 이때 사용하면 좋은 프로그램이 '구글 알리미' 서비스다. 고객이 관심 있어서 하는 키워드를 등록해놓으면 관련 인터넷 기사가 자동으로 등록한 메일로 오게 된다. 고객에게 도움이 되는 정보를 찾고, 고객이 필요로 하는 정보를 제공하는 것이다. 카카오톡 오픈 채팅방 혹은 개인 카톡으로 지속해서 자료를 보내주면서 고객과 신뢰를 쌓아가는 것이다.

구글 알리미 사이트
https://www.google.co.kr/alerts

스마트폰과 노트북은 최고사양으로

메신저가 되려 한다면 다른 것은 절약하더라도, 스마트폰과 노트북은 가장 좋은 것을 쓰자. 스마트폰과 노트북은 최신 기종을 사용한다. 스마트폰과 노트북은 금전출납기와 같은 역할을 한다. 아이폰과 아이패드, 맥북의 연결성은 가히 자랑할 만하다. 스마트폰에서 찍은 사진을 바로, 아이패드와 맥북으로 연결해서 볼 수 있어서 좋다. 나는 1년마다 최신 기종의 제품으로 바꾼다. 전쟁에서 무기와 같은 것이 스마트폰과 노트북이다. 가장 최신식의 무기를 사용해야 좋은 결과를 낼 수 있다. 좋은 연장을 써야 좋은 성과를 낼 수 있다. 다른 무엇보다도 스마트폰은 제발 최신 기종을 쓰자.

메신저에게 스마트폰과 노트북이 돈을 벌어주는 도구이기 때문에 가장 좋은 것을 써야 한다고 생각한다. 메신저에게 속도는 생명이다. 느린 노트북과 스마트폰으로 속도를 늦추고만 있지 않는가? 다른 것은 절약하더라도, 스마트폰과 노트북은 가장 좋은 것을 쓰자.

성공을 위해 당신이 무조건 해야 할 일

모두가 성공을 꿈꾼다. 메신저가 되어 새로운 인생을 살고 싶은 사람이 넘쳐난다. 성공한 메신저에게는 꾸준함이 필수 요소이다. 당신이 해야 할 일은 이 책에서 권하는 방법에 따라 실제로 적용해보고, 중도에 포기하지 말고 꾸준히 따라 해보는 것이다.

성공하는 스피치를 위해서 《카네기 스피치&커뮤니케이션》 책을 읽었다. 지금 매일 도전하고 있는 영어 스피치에 대해 생각하게 되었다. 말은 하면 할수록 늘게 된다. 말을 하지 않고, 지식으로만 공부해서 절대 말을 잘 할 수는 없다. 기회가 될 때마다 말을 많이 해보는 것이 중요하다. 적용, 실천, 실행이 중요한 것이다. 중도에 포기하지 않아야 한다. 실패를 두려워하면 안 된다.

처음 메신저 사업을 시작할 때, 강의 공지를 올리는 것을 두려워했다. 하지만, 1:1 강의를 하면서 경험을 늘려나갔다. 멈추지 않고, 매일 강의를 열었다. 사람들을 만날 때마다 내가 알고 있는 지식과 정보를 아낌없이 나눠주기 위해 노력했다. 그러다 보니, 100명 앞에서도 떨지 않고 강의하는 강사가 되었다. 지금은 사람이 많을수록 강의가 잘된다. 말은 실제로 해봐야 한다. 영어도 마찬가지다. 꾸준함을 이길 수 있는 것은 없다.

꾸준함을 강조하지만 사람들은 핑계가 넘친다. 나는 나이가 많아서, 나는 나이가 어려서, 나는 배운 게 없어서, 나는 경험이 없어서 등등. 메신저를 양성하는 수업을 진행하면서 두려움 때문에 시작을 못 하는 분들을 보았다. 안 되는 사람은 안 되는 이유부터 찾는다. 핑계가 끝도 없이 많다. 바빠서, 아파서, 여유가 없어서, 시간이 없어서, 아이 때문에, 남편 때문에…. 그러나 되는 사람은 되는 방법부터 찾는다. 부족한 부분은 끊임없이 찾아 배우고, 지금의 조건에서 시작할 수 있는 것부터 시도하면 된다. 꾸준함으로 어려움을 극복하는 것이 메신저다.

영어 학원에서 중절모를 쓰신 70대 어르신을 뵌 적이 있다. 20대 초중반의 학생들과 같이 수업을 들으시는 그분의 뒷모습을 보면서 숙연해졌다. 배움에는 나이가 과연 문제가 될까. 특히 언어 공부에는 나이가 없다. 나도 항상 너무 늦게 시작했다고 생각했다. 영어 유치원을 다녔다면, 외국에서 태어났다면, 중학교 때 영어 단어를 더 많이 외웠다면, 과거에 대한 후회들로 가득했다. 하지만, 지금이라도 시작할 수 있어서 감사한 마음을 갖기로 했다. 더 나이가 들어서 후회하는 삶을 살지 않기 위해서 지금 나는 매일 영어 공부를 하고 있다. 그리고 더 강의를 잘하기 위해서 스피치 수업을 듣고, 스피치 책을 읽고 있다. 부족한 것은 얼마든지 배움을 통해 극복할 수 있다. 나이는 숫자에 불과하다.

공포의 극복이라는 기적이 일어나다

모르는 대중 앞에서 이야기하는 것은 공포 그 자체다. 온몸이 떨리고, 식은땀이 난다. 나도 처음에 강의를 시작할 때는 그랬다. 무대 공포증을 극복하기 위해 내가 한 방법은 산에 가서 소리를 많이 질렀다. 학창시절 나는 학교에서 짝꿍과도 이야기를 잘 안 할 정도로 소심하고, 조용한 내성적인 아이였다. 그런데 강사의 꿈을 갖고, 크고 분명하게 나의 이야기를 전하고 싶었다. 발성 훈련을 위해 산에서 소리를 질렀다. 나무들을 바라보며 스피치 연습을 했다. 다리 위에 올라가 소리를 질렀다. 오토바이를 타고 다니면서 롤 모델 강사님들의 음성파일을 듣고 따라 하며, 강의 연습을 했다. 직업은 배달원이었지만, 강사라는 꿈이 있었기에 매일 연습했다. 매일 꿈을 향해 한걸음씩 나아가다 보니, 어느 순간 나의 지식과 경험을 100명 앞에서도 떨지 않고 이야기 하게 되었다.

사람은 바뀔 수 있다. 성격도 바뀔 수 있다. 다만, 실패에 대한 두려움 때문에 그 안에 갇혀 있다면 아무런 변화가 없다. 내가 원하는 모습이 되기 위해서 부단한 노력을 한다면, 기적은 반드시 일어난다. 강연가가 된 모습을 미리 마음속에 그렸기 때문이다. 자신이 원하는 모습을 생생하게 그리고, 그 모습이 되기 위해 매일 한걸음씩 나아가면 그 꿈은 현실이 되어 나타난다.

메신저가 되고 싶었다. 강의장 사진을 붙여놓았다. 대중 앞에서 성공적으로 강의하고, 박수 받는 나의 모습을 상상했다. 그 모습을 이루기 위해서 매일 노력했다. 매일 책을 읽고, 메모하고, 수많은 강의를 찾아다녔다. 꿈은 현실이 되었다.

다른 결과를 원한다면 다른 노력을 해야 한다

메신저의 꿈을 꾸면서 매일 배달만 했다면, 지금도 배달을 하고 있었을 것이다. 다른 결과를 원한다면 다른 노력을 해야 한다. 원하는 모습이 되기 위한 노력을 해야 한다. 다른 삶을 살아가길 원하면서 노력을 게을리 하는 사람들을 볼 때마다 나는 안타까운 마음이 생긴다.

메신저의 꿈을 이루기 위해서 노력했다. 다른 삶을 살고 싶었다. 그래서 나의 일상을 조금씩 바꿔나갔다. 퇴근 후에 모두가 술을 마시러 가고, 놀러 갈 때, 나는 새로운 것을 배우기 위해 강의를 찾아다니고, 독서했다. 꿈에 나의 모든 시간을 투자했다. 큰 강의장에 찾아가 그곳에서 강의하는 나의 모습을 상상했다.

메신저가 되고 싶다면, 메신저가 되기 위한 시간을 가져야 한다. 전국을 다니는 메신저가 되고 싶어서 6,000만 원 이상을 투자해서 마케팅을 공부했다. 배움에 대한 투자는 반드시 돌아올 것이라는 믿음이 있었다. 새롭게 배운 내용들을 SNS 마케팅을 통해, 전국적으로 홍보를 했고, 전국을 다니는 메신저의 꿈을 이루었다.

이제는 세계를 다니는 메신저의 꿈을 갖고 있다. 매일 영어 공부에 시간을 투자하고 있다. 거북이처럼 느리다. 너무 먼 꿈일지도 모른다. 그래도 매일 꿈에 시간을 투자하고 있다. 배달원이었던 내가 전국을 다니는 메신저가 되겠다고 꿈을 꾸었을 때, 막연하기만 했다. 결국 이루었다. 지금 내가 꾸고 있는, 세계를 다니는 메신저의 꿈도 지금은 막연하지만, 반드시 이룰 것이다. 오늘도 나는 나의 꿈을 위해 영어 공부에 시간을 투자하고 있다.

타인의 시선을 의식하지 말자

몇 년 전 올림픽 공원에서 스케이트를 처음 탔다. 몇 번이나 넘어졌다. 내가 넘어질 때마다 친구들은 배꼽을 잡고 웃었다. 그래도 포기하지 않고, 트랙을 몇 바퀴 엉거주춤 돌았다. 혼자 스케이트를 타러 가서 연습했다. 지금은 겨울만 되면 스케이트를 타러 간다. 처음부터 잘할 수는 없다. 반복된 연습을 하면 무엇이든 잘 할 수 있게 된다. 연습의 과정 속에 실패는 반드시 따라온다. 사람들이 비웃을 수도 있다. 사람들의 시선에 집중하지 말고, 나의 꿈에 집중하자.

영어 학원에서 두 달 동안은 한마디도 말하지 못했다. 나중에 담당 선생님이 말했다. 말을 못하는 사람인 줄 알았다고, 그 정도로 나는 사람들의 시선이 두려웠다. 틀린 말을 할까 봐 용기가 나지 않아 한마디도 내뱉을 수 없었다. 한국어로는 100명 앞에서도 강의하는 강사지만, 영어로는 단 한마디도 내뱉지 못했다. 처음으로 용기를 내어 말했다. 부정확한 발음 때문에 반 친구들이 모두 웃었다. 얼굴이 화끈거리고, 식은땀이 났다. 쥐구멍이라도 있으면 들어가고 싶었다. 하지만, 나 자신을 이기고 싶었다. 이대로 무너지면 안 된다는 것을 알기에. 영어로 강의하는 꿈이 있었기 때문에 다시 도전했다. 지금은 부족하지만, 나의 의견을 조금씩 영어로 이야기 할 수 있게 되었다.

스피치도, 영어도, 실패에 대한 두려움 때문에 시도하는 것을 멈추면 안 된다. 스케이트 타다 넘어지는 것이 두려워서, 사람들의 비웃음이 두려워서 시도하지 않으면 평생 스케이트의 타는 재미를 보지 못할 것이다.

경력이 없다고
두려워하는 사람들에게

메신저의 삶을 살고 싶은 사람들은 넘쳐난다. 사람들이 나에게 자주 하는 질문이 있다.

"전문경력이 없는데, 메신저가 될 수 있을까요?"

메신저는 평범한 사람들이다. 남들보다 조금 더 알고 있는 지식으로 시작하면 된다. 《제로창업》 책에서는 '지식 차이' 라고 제로창업을 시작하라고 말한다. 시작이 두렵다면 1로 시작하자. 초보가 왕초보를 더 잘 가르칠 수 있다. 적은 비용으로 초보자 대상으로 강의를 시작하자. 시작 데드라인을 먼저 정해야 한다. 언제부터 시작할 것인가? 스스로 묻고 지금 당장 달력에 내가 강의할 날짜에 표시를 하자. 강의를 시작하는 가장 좋은 방법은 공지를 먼저 올리는 것이다. 강의 공지를 올릴 때는 네이버 블로그를 활용하자.

사람들은 완벽해야 시작 할 수 있다고 생각한다. 100% 완벽하게 준비를 하려고 평생 배우기만 한다. 그렇기에 90% 이상의 사람들이 콘텐츠 소비자에 머물게 된다. 10%의 사람들만이 콘텐츠의 생산자가 된다. 배움의 시간도 물론 필요하다. 컵에 물이 차야만 넘치게 된다. 내가 전달하고 싶은 말은 아웃풋에 목적을 두고 인풋을 해야 한다. 아웃풋을 해보면서 부족한 부분을 배워나가는 것을 권한다.

아는 것만 많아지게 되면 행동하는 것은 더욱 느려지게 된다. 자신이 아는 것으로 다른 사람들을 평가하게 되고, 정작 자신은 행동하지 못하는 사람이 되기도 한다. 밥을 먹었다면 화장실에 가듯이, 인풋이 되었다면 반드시 아웃풋을 해보는 것이 중요하다. 책을 읽었다면 책에 대해서 소개하는 글을 쓰고, 영상을 촬영하고, 강의를 들었다면, 내가 이해한 만큼 다른 사람들에게 배운 내용을 전해봐야 한다. 배움으로 성장하는 것이 아니라, 아웃풋으로 성장하기 때문이다.

예를 들어 자격증을 취득한다고 했을 때, 자격증을 발급하는 곳만 돈을 벌게 된다. 자격증이 꼭 있어야만 전문가가 되는 것은 아니다. 나도 처음에 시작할 때는 두려움이 많았다. 그래서 자격증을 받을 수 있는 곳들을 알아봤다. 그리고 국비 지원으로 많은 교육을 받았다. 하지만, 실제 현장에서 직접 사용할 방법들은 강의를 직접 해보면서, 즉 강의 현장에서 배우게 되었다. 내가 직접 강의를 해봐야 강의하는 법을 알 수 있다. 직접 물에 들어가 봐야만 수영하는 법을 배울 수 있다.

완벽하게 시작하려고 하면 평생 시작하지 못한다. 공지를 올려야 두려움이 없어진다. 1:1로 시작하자. 내가 알고 있는 만큼 알려주자. 카페에서 1만 원 받고 시작을 했다. 1로 시작을 했다. 1:1로 10명에게 알려주면 경험이 쌓인다. 자신감이 생긴다. 나는 그렇게 1로 시작했다.

2012년 습관에 대한 강의를 시작했다. 1만 원 받고 시작했다. 그 다음에는 에버노트 1:1강의 1만 원 받고 시작했다. 처음부터 돈을 벌기 위한 강의를 하지 말고, 작은 성공 경험을 만들어야 한다. 경험이 없다면 경험을 만들면 된다. 자격증도 없고, 경험이 없어도, 용기만 있다면 메신저 사업은 누구나 시작할 수 있다. 나의 지식과 경험은 내가 생각하는 것보다 훨씬 더 가치가 있기 때문이다. 타인을 도우면서 의미 있는 삶도 살고, 물질적인 만족도 누릴 수 있는 것이 바로 메신저의 삶이다.

처음에 시작할 때 누가 내 이야기를 들으려고 돈을 낼까? 생각했지만, 내 생각은 착각이었다. 현장에 답이 있다. 시작해 보지 않고, 머릿속으로만 생각해서는 답을 얻을 수 없다. 일단 시작하는 게 중요하다. 여기서 시작이란, 내가 가진 지식과 경험을 사람들에게 나눠주는 모임을 시작한다는 공지를 블로그에 올리는 것을 말한다.

나는 항상 독서모임과 블로그를 이야기한다. 내가 강의를 처음 시작했던 2012년으로 돌아간다면 무조건, 독서모임과 블로그부터 시작할 것이다. 많은 시간과 돈을 쓰면서 뱅뱅 돌아서 지금의 자리까지 왔다. 많은 사람들이 시행착오를 하지 않도록 돕고 싶다. 지금 당장 블로그에 글을 쓰고 독서모임을 만들어 보자.

스타강사로 거듭나게 된
10가지 비밀

내가 스타강사로 거듭나게 된 10가지 비밀을 소개하고자 한다. 혹 나와 같은 특징을 가지고 있다면 당신도 스타강사가 될 수 있다.

1. 주변 사람들이 내가 하는 이야기를 좋아한다.

사람들은 내 이야기를 듣고 공감을 해준다. 나의 강의를 수강하신 분들의 후기를 읽어 보면, 많은 분들이 긍정적인 평가를 해준다. 내가 하고 싶은 이야기가 아닌, 사람들이 듣고 싶어 하는 이야기로 강의했기 때문이다. 어떤 주제로 말씀을 드려야 좋아하실까? 어떤 것이 도움이 되실까? 현장에서 직접 사용할 수 있는 실제적인 도움 되는 정보를 드리기 위해 노력한다.

2. 프로강사를 보면 '나도 저렇게 할 수 있지 않을까' 하는 생각을 자주 한다.

강의 중독이라고 할 정도로 강의를 찾아다니면서 듣는다. 쉬는 날에는 항상 다른 강의들을 찾아다닌다. 지금은 온라인으로 방구석에서도 강의들을 들을 수 있다. 강의를 들으면서 배울 점과 개선할 점을 항상 생각했다. 본깨적(본 것, 깨달은 것, 적용할 것) 방식으로 수업 내용을 필기한다. 이 강의를 통해서 나는 적용할 것이 무엇인지를 반드시 찾고, 그것을 나의 삶 가운데 적용하기 위해 노력한다. 프로강사들의 멋진 강연을 들으며 나도 프로강사가 되고 싶었다. 이 강의의 장점은 무엇일까? 어떻게 청중들과 소통하는지? 어떤 자료들을 사용하는지? 강의를 듣기만 하는 것이 아닌 분석을 하며 강의를 듣는다. 모방은 창조의 어머니라고 했다. 처음에는 흉내를 내는 것이 중요하다. 프로강사를 분석하고, 따라 하면, 프로강사의 모습과 가까워진다.

3. 평소 나는 강연에 대한 관심이 많다.

20대 후반, 앤서니 라빈스의 《네 안의 잠든 거인을 깨워라》라는 책의 영향을 많이 받았다. 건물 청소부 일을 하던 청년이 세계적인 강연가가 되어 헬기를 타고 강연을 하러 다니는 모습을 보면서 가슴이 뛰었다. 나도 강연가가 되고 싶었다. 전국을 다니는 강연가가 되고 싶다는 꿈을 갖게 되었다. 그 꿈을 종이 위에 적고 벽에 붙여 놓았다. 사람들을 만날 때마다 이야기했다. 모든 자기계발 서적에서는 종이 위에 목표를 쓰면 이루어진다고 이야기한다. 나는 단순하게 책에서 말하는 그대로 실행했다. 나는 배운 것을 실행하기 위해 노력한다. 책을 읽고, 강의를 듣고 매일 실천하다 보니, 정말 전국을 다니는 강사가 되었다. 꿈이 현실이 되었다. 이제 세계를 다니는 강사가 되기 위해서 영어 공부에 집중하고 있다. 유튜브를 통해 전 세계적인 강사들의 강연을 듣고 그들과 소통하고 싶다. 나는 강연에 관한 관심이 아주 많다.

20대 후반 국비 지원으로 CS강사 교육을 들었다. 지인의 추천으로 알게 되었는데, 일정한 조건만 맞으면 200만 원까지 무료로 전액 지원이 되는 프로그램이었다. 뜻이 있는 곳에 길이 있다. 생각만 하고 실천하지 않았다면 지금 강사가 되지 못했을 것이다. 생각을 종이 위에 적고 실천하기 위해서 찾다 보니 나의 꿈을 이룰 수 있게 도와주는 사람들을 만나게 되었다.

4. 많은 사람 앞에서 말하는 것에 큰 부담을 느끼지 않는다.

나는 원래 내성적인 사람이다. 강사가 되기 위해서 부단히 노력했다. 연기 학원에 다니기도 하고, 발성 훈련을 하기 위해 한강 다리 위에 올라가서 크게 소리를 지르기도 했다. 노래방 마이크를 사서 마이크 잡는 연습을 하고, 전신 거울을 사서, 제스처 연습을 하고, 화이트보드를 사서 판서를 연습했다. 스마트폰 삼각대를 사서 나의 모습을 촬영해서 스스로 피드백을 했다. 많은 연습을 통해 두려움을 설렘으로 바꾸었다. 현재는 강연장에 사람이 많을수록 강의가 잘 된다. 혼자서 일방적으로 전하는 강의가 아닌 수강생들과 질문과 답변을 주고받으며 소통하는 강의를 위해 노력하고 있다.

5. 누군가에게 꼭 이야기 하고 싶은 나만의 스토리가 있다.

자신이 성공한 이야기, 성과에 대한 이야기보다 더 중요한 것은 힘들었던 시간, 괴로웠던 시간에 대한 것을 알리는 것이다. 자신이 힘들었던 이야기를 공개하면 사람들은 당신의 이야기에 공감하고 당신의 이야기에 귀를 기울일 것이다. 나는 고등학교를 중퇴하고 배달부로 10년의 시간을 보냈다. 29살에 배달이 늦었다는 이유로 뺨을 맞고 자살하고 싶은 충동을 느꼈다. 그 때 나를 다시 살게 해준 것이 독서였다. 그 힘든 시간들을 독서와 메모를 통해서 극복했다. 꿈도 목표도 없이 10년이란 시간을 보냈기에 나는 더 이상 시간을 낭비하면 안 된다는 생각을 했다. 미친 듯이 책을 읽고 공부를 했다. 더 나은 삶을 살고 싶은 간절함으로 배움에 대해 끊임없이 투자했다. 이제는 메신저로 자리를 잡게 되었다. 나처럼 힘들어하는 사람들에게 희망의 메시지를 전하고 싶어 메신저의 사업을 시작하게 되었다.

성공한 자들의 강의를 듣고 내가 과연 할 수 있을까? 나는 너무 부족한데, 나와는 거리가 너무 멀다고 느껴지는 경우들도 있었던 것이 사실이다. 나는 바닥까지 내려가는 경험들을 통해서 아무리 힘들고 어려워도 극복할 힘은 내 안에 있다는 것을 깨닫게 되었다. 나를 성장하게 도운 것은 독서와 메모, 그리고 꿈을 이루기 위한 간절한 열망이었다.

6. 내 이야기는 청중에게 분명한 가치를 줄 수 있다.

단 한 사람만이라도 나의 이야기를 듣고 삶의 변화를 줄 수 있다면 계속 강연을 하고 싶다. 나의 이야기를 듣고 책을 안 읽던 사람이 책을 읽고, 직장에서 성과가 나고, 삶이 달라졌다는 분들이 생겼다. 나 한 사람의 변화로 주변에 선한 영향력을 미치기 시작했다. 내가 좋아하는 일을 하면서 살 뿐인데도 나를 롤 모델이라고 부르면서 응원해 주는 분들도 생겼다. 난 사람의 수에 연연하지 않고, 내가 알고 있는 지식과 경험을 통해 타인을 돕는 일에 집중하다 보니 5년 만에 수입은 10배 이상 늘어나게 되었다.

7. 나만의 확실한 전문 분야가 있다.

나의 전문 강의 분야는 독서법과 메모법 강의이다. 메모하는 것을 좋아해서 수많은 메모 앱을 사용해봤다. 지금까지 사용해본 것 중에 Notion이 메모 앱 중에 최고다. 디지털 기록의 단점을 보완하기 위해서 아날로그 기록 도구인 3P 바인더를 함께 사용한다. 디지털 기록의 장점과 아날로그 기록의 장점을 합쳐, 디지로그 전문강사가 되어서 활동하고 있다. 나는 대학을 나오지 않았기에 대학전공 분야는 없다. 진짜 나의 전공은 사람들을 일으켜 세우는 것이다. 독서와 메모를 통해 사람들이 메신저가 되게 돕는 것이다. 내가 독서와 메모를 통해 인생이 바뀌었고 이제는 사람들의 인생을 변화시키고 있다. 나는 코칭 전문가이다. 질문을 통해서 사람들 안에 감춰진 잠재된 능력을 찾고, 스스로 독립적으로 살아갈 수 있도록 돕고 있다.

8. 나는 평소에 독서를 많이 한다.

항상 손에 책을 놓지 않는다. 매일 책을 읽는다. 책 속에서 나의 강의에 적용할 부분들을 찾고, 사람들에게 알려주고 싶은 부분들을 찾는다. 어디를 가든지 책 한 권과 볼펜 한 자루를 가지고 다닌다. 책을 읽으며, 책에 밑줄을 긋고 여백에 메모하고, 책을 접으면서 표시를 남긴다. 변화와 성장을 위해서 가장 중요한 것은 독서이다. 나의 사무실과 집에는 책으로 가득 차 있다. 독서를 게을리 하는 사람은 메신저를 하면 안 된다고 생각한다. 메신저는 끊임없이 공부하는 사람이어야 한다. 배움을 멈추는 순간, 같은 이야기만 반복하는 앵무새가 될 수 있다.

9. 나는 책을 출간한 적이 있다.

나의 첫 번째 꿈이 책을 출간하는 것이었다. 항상 생각으로만 있고 진행되지 못했지만, 2019년 11월에 나의 첫 책인 《고교중퇴 배달부 연봉 1억 메신저가 되다》가 출간되었다. 2012년부터 7년 동안 강의 현장에서 보고 배운 내용들을 정리했다. 처음 강의를 하는 사람들에게 지침서가 되기를 바라는 마음에서 쓴 책이다. 누구나 메신저를 꿈을 꾸지만, 시도조차 하지 않고 포기를 하고 만다. 내 안의 두려움에 스스로 가둬두기 때문이다. 시작을 했어도 모집의 어려움을 겪어 몇 번 강의하다가 포기하는 경우들도 많이 봤다. 모든 일이 그렇겠지만, 강의야말로 우직하게 계속해야만 성공할 수 있다. 책을 쓰고 홍보를 하는 것이 아니라, 책을 쓰는 과정 속에서 나를 홍보 하는 것이 중요하다. 책이 출간되고 하루 만에 베스트셀러가 되었다. 3쇄까지 책이 나오게 되었다. 나를 홍보할 수 있는 최고의 도구는 책이다. 매일 글을 쓰면 책이 된다. 책을 통해서 나를 세상에 알리자.

10. 다시 직업을 선택해야 한다면 강사를 선택할 것이다.

강의는 내게 천직이다. 가장 행복한 순간은 강의를 들은 수강생이 변화될 때이다. 한 분 한 분의 삶에 도움을 드리기 위해서 노력한다. 하나라도 더 알려 드리기 위해서 최선을 다한다. 강의가 끝난 후에도 지속적인 관리를 통해서 실행할 수 있게 돕는다. 강의를 하는 순간이 가장 행복하다. 가장 좋아하는 일을 하면서 수익도 생긴다. 나에게 강의는 일이 아니라 하나의 놀이이다. 신기하게도 내가 좋아하는 일을 할 뿐인데도 계속 수입이 생기고 있다. 그리고 나를 지지하고 응원해 주는 사람들이 점점 많아지고 있다. 난 다시 태어나도 꼭 메신저가 되고 싶다.

고객의 불편 속에 비즈니스가 있다

왕중추 저자의 《디테일의 힘》 책에 보면, 한 쌀가게 사례가 나온다. 예전에는 쌀에 돌이 많이 들어 있었다. 동생들을 시켜서 돌을 다 골라내고, 흰 쌀만 남겨 배송했다. 고객 가족의 수를 기록해서 고객의 집에 쌀이 떨어질 때쯤 쌀 배달을 간다. 고객의 쌀통에 묵은쌀 위에 그대로 새로운 쌀을 붓는 것이 아니라. 기존에 묵은쌀을 다 꺼내고, 쌀통을 깨끗이 닦아 낸 후에 거기에 새 쌀을 붓고, 그 위에 묵은쌀을 올려 준다. 이렇게 하면 다른 쌀집에서 쌀을 시킬 수 있을까? 중요한 것은 고객의 관점에서 항상 생각하는 것이다.

마윈은 "고객의 불편 속에 비즈니스가 있다" 라고 이야기 한다. 고객이 불편해하는 것이 무엇이 있을까? 내가 고객의 불편을 해결해줄 수 있는 나만의 서비스는 무엇인가? 나의 입장에서 생각하는 것보다 고객의 입장에서 생각하며, 내가 고객의 문제를 해결해줄 수 있는 것은 무엇인지 찾아야 한다.

'컴퓨터를 알려주는 학원은 많은데, 왜 스마트폰을 알려주는 학원은 없을까?'라는 생각으로 스마트폰 교육을 1:1로 하기 시작했다. 바쁜 사장님들을 대상으로 회사에 직접 찾아가서 1:1로 알려드렸다. 지방에 계신 분들에게는 원격 프로그램으로 수업을 진행하면서 하나하나 알려드렸다. 해외에 있는 분들도 요청이 있어, 원격으로도 1:1 수업을 진행했다. 원격 수업을 진행할 때는 '팀뷰어' 서비스를 이용했다. 지금은 '줌' 서비스를 이용해서 그룹 수업을 진행하고 있다.

국내 원격강좌 – 울산, 원주, 청주, 전주, 일산, 제주, 대구, 대전, 화순, 천안, 청주, 광주

해외 원격강좌 – 콜롬비아, 태국, 일본

팀 뷰어 프로그램 – 원격으로 상대의 컴퓨터를 컨트롤 할 수 있다.

줌 – 온라인에서 회의 및 교육을 할 수 있다.

팀 뷰어 설치 – https://www.teamviewer.com/

줌 설치 – http://zoom.us/

처음에는 오프라인 수업만을 진행했다. 하지만, 수강생들이 시간을 내서 강의 현장에 참석하는 것을 어려워했다. 그래서 온라인으로 교육을 하기 시작했다. 그러자 강의 인원이 더 늘어났다. 오프라인 강의

현장까지 오는 시간과 비용을 절약할 수 있으니 수강생들도 좋아했다. 그리고 수업 내용을 촬영해서 제공했다. 다시 복습하실 수 있도록 수업 내용을 촬영해서 드리자 반복되던 질문이 줄었다. 사용방법에 대한 문의가 오면, 해당 파트에 대한 부분 영상 링크를 제공해드렸다. 전화로만 설명할 때는 어려움이 있었는데, 기존에 촬영한 영상링크를 제공하자 문제가 쉽게 해결되었다. 그 다음에는 강의 영상을 온라인으로 판매했다. 온라인으로 영상을 구매해서 시청 후 마음에 들지 않을 경우 100% 환불을 해드리겠다고 했다. 실제 환불하는 경우는 1%가 되지 않았다. 끊임없이 고객의 입장에 서서 고객이 필요로 하는 것을 제공하기 위해서 노력했다. 고객의 불편을 해결해주기 위해서 노력하자 나의 수입도 늘어났다.

메신저는 끊임없이 배운다

나는 메신저를 양성하는 메신저이다. 나의 강의를 수강한 사람들이 수업을 듣고 그치는 것이 아니라. 자신의 지식과 경험으로 수익을 내는 메신저의 삶을 살 수 있도록 돕고 있다. 고교중퇴 배달부에서 전국을 다니는 강사가 된 것처럼, 누구나 자신의 지식과 경험을 통해서 사람들을 돕는 메신저가 될 수 있다고 전하고 있다.

메신저는 좋은 강의에서도 배우고, 나쁜 강의에서도 배운다. 5년 전 속독법 학원에 수업을 들으러 갔다. 2시간 강의에서 한 시간 이상 자신의 자랑을 풀어 놓았다. 내가 제일 질색하는 강의가 자기 자랑으로 도배가 된 강의다. 강사라면 자기 자랑이 아닌, 자신의 성과로 다른 사람들이 성과가 나게 도와주는 강사가 되어야 한다고 생각한다.

수업 중 강사가 질문을 했다.

"우뇌 손들어 보세요."

"좌뇌 손들어 보세요."

"손들지 않은 앞에 앉은 여성분에게 왜 손을 안 드세요?"

"혹시 무뇌세요?"

나는 속으로 끓어 오르는 화를 참지 못했다. 나에게도 질문했다.

"80킬로 쌀가마를 끌 수 있으세요?"

나는 대답했다

"끌어 본 적도 없고, 끌 생각도 없습니다"

"젊은 사람이 그것도 못하나요?

강의 중간에 자리를 박차고 나왔다. 그날 강의를 통해서 배운 것이 있다. 절대 수강생을 무시하는 태도를 가지면 안 되겠구나! 어떤 강의를 들으러 가도 꼭 하나를 배워서 온다. 좋은 강의를 듣고 오면 좋은 부분을 배우고, 기대 이하의 강의를 듣고 오면, '내 강의에서는 절대 저렇게 하면 안 되겠구나!'라는 깨우침을 받게 된다. 어느 자리에 가더라도 하나는 배워 올 수 있어서 좋다.

사람들은 나에게 이야기한다.

"박 코치 이제는 그만 좀 배워!"

"자기계발도 중독이야!"

"더 배울 게 있어?"

나는 끊임없이 배워야 하다고 생각한다. '죽을 때까지 배우자!'가 나의 신조다. 가르치는 자가 배우는 것을 멈추는 순간, 성장을 멈춘다고 생각한다.

강의 때 절대 사진을 못 찍게 하고, 녹음을 못 하게 하고, 자료 하나 주지 않는 사람을 보았다. 다음에 가서 보면 하나도 바뀌지 않은 강의를 똑같이 하고 있다. 정찬근 저자의 《강사력》 책에 '빈익빈 강사, 부익부 강사'라는 말이 있다. 끊임없이 배우고, 나눠주는 강사가 부익부 강사가 아닐까. 아낌없이 주는 나무와 같은 메신저가 되자. 나눠주다가 망했다는 사람을 본 적은 없다.

메신저가 되려면 끊임없이 배워야 한다. 배우는데 투자를 아끼면 안 된다. 재테크를 위해서 부동산 투자, 주식투자, 비트코인 투자 열풍이다. 그러나 가장 확실한 투자, 실패하지 않는 투자는 자기 자신을 위한 배움에 대한 투자이다. 성장을 멈추지 않으려면 지속적인 인풋이 있어야 한다. 항상 배우는 자세를 가지면 어느 누구에게도 배울 수 있고, 끊임없이 성장할 수 있다. 메신저는 끊임없이 배우는 사람이다.

4장

백만장자 메신저, 이제는 당신 차례다

효과적인 스피치를 위한 G.P.A

Goal, 명확한 목표를 세운다

초보 메신저는 많은 메시지를 전달하려 하다가 실수를 한다. 이것도 중요하고, 저것도 중요하다고 생각되니 짧은 시간에 너무 많은 양의 정보를 제공한다. 처음 메신저 사업을 시작할 때 나 또한 그랬다. 무조건 많은 정보를 쏟아내기에 바빴다. 예를 들어, 너무 많은 공을 던지면 상대방은 아무 공도 받지 못하다. 공을 던지기 전에 신호를 주고, 상대가 받을 준비가 되었는지 확인한 후, 단 하나의 공을 던져야 상대가 받을 수 있다.

여기 공이 있어 잘 봐봐! (주의 집중)
상대가 받을 준비가 되었는지 확인하기(청중의 준비 확인하기)
나 던진다. 공을 보여주면서 천천히 던지기(다시 한 번 신호 주기)

상대가 공을 제대로 받았는지 확인(질문을 통해 이해 여부 확인)

상대가 받을 준비가 되지 않았는데도 공을 던지거나, 상대가 받을 수 있는 속도보다 더 빠르게 공을 던진다면 상대방은 공을 놓치고 말 것이다. 이처럼 전하려는 메시지를 전할 때, 주의 집중을 통해서 상대에게 메시지를 받을 수 있도록 집중시키는 것이 중요하다. 핵심적인 메시지를 전하기 전에 청중을 집중시키는 방법으로 좋은 것은 1~2분 분량의 짧은 영상을 사용해서 주목시키는 방법이 있다. 또한 질문을 통해서 시작한다.

"여기 모인 분 중에 에버노트를 한 번이라도 사용해보신 분 계신가요?"

사람은 질문을 받으면 집중하게 되어 있다.

'아 이 사람이 지금 에버노트에 관해 말하려고 하는구나!'

사람들의 반응을 살핀다. 이때, 나의 질문에 대한 반응을 유도하는 방법으로 선물을 이용하는 것이다.

"집중해서 경청해주시는 분들에게는 선물을 드리겠습니다." (손으로 선물을 들어서 직접 보여주기).

나이 지긋한 교수님들도 선물에 아이처럼 기뻐하는 모습을 잊을 수 없다.

핵심 메시지를 전할 때는 말의 속도를 2배 정도 느리게 하거나. 작게 속삭이듯이 말하는 것도 좋은 방법이다.

"오늘 여러분들에게만 알려 드릴게요"

"오늘의 시간 관리의 핵심은 기우새입니다."

핵심 내용을 이야기하고, 핵심 내용을 다시 한 번 수강생들이 직접 말을 하도록 질문한다. 종이로 적는 데 집중하기보다 직접 강사가 이야기하는 핵심 메시지를 따라 반복해서 외치도록 하는 것이 학습 효과가 더 좋다.

"오늘 시간 관리에서 중요한 것은 기우새다."

기! - 시간기록

우! - 우선순위

새! - 새벽형 인간

칠판에 크게 기우새를 써 놓고, 수강생에게 질문 하면서 수강생이 답하는 내용을 강사가 받아 적는다. 화이트보드를 적극적으로 사용하자. 화이트보드가 없는 강연장이라면 3M 대형포스트잇을 이용하자. 말로만 설명하기보다. 수기로 작성하면서 보여주는 것이 효과가 좋다. PPT와 함께 중요 핵심 내용은 판서를 하면서 설명을 한다.

강의에 조미료와 같은 것이 칭찬과 인정이다. 수강생을 끊임없이 칭찬하고, 인정해준다. 간혹 엉뚱한 대답을 하더라도 칭찬해주고, 나의 질문에 적극적으로 호응해주는 것에 대한 감사를 표한다. 좋은 강연은 강사가 만들어가는 것이 아니라 청중이 만들어가는 것이다. 좋은 청중의 자세를 만드는 것 또한 당연히 강사의 몫이다. 초보 메신저가 실수하는 부분이 청중과 호흡 없이 일방적으로 메시지를 전하는 것이다. 메신저는 항상 자신의 강의를 녹음하고, 반복해서 들으면서 끊임없이 개선해야 하고, 다음 강연 준비를 위해서 노력해야 한다.

Practice, 연습! 연습! 연습뿐이다

연습! 연습! 연습뿐이다. 《김미경의 아트스피치》 책의 저자인 김미경 강사는 대담 대본을 수십 번 읽고 무대에 선다. 하물며 우리는 메신저 사업을 준비할 때 얼마나 큰 노력을 해야 할까? 나는 처음에 메신저 사업을 시작할 때는 1시간 강의 동안 해야 할 말을 모두 기록을 해서 준비했다. 그런데 이 방법은 문제가 있다. 중간에 연결 부분이 기억이 나지 않으면, 다음 문장을 통째로 잊어버리게 된다. 그래서 그 다음부터 적용한 것이 큰 키워드 중심으로 마인드맵을 먼저 그린다. 전체적인 뼈대를 먼저 잡는 것이다.

첫째, 서론(도입) – 본론(에피소드 및 사례 3개~5개)–결론(핵심 메시지) 강의의 전체 내용을 그림을 그리듯이 기억한다. 사람은 누구나 자신이 직접 겪은 이야기는 쉽게 설명할 수 있다. 자신이 겪은 이야기를 해야 가장 생생하고, 사람들은 그 이야기에 흥미를 느낀다. 유명한 다른 사람의 이야기를 가져다가 설명할 수도 있지만, 자신의 일상 속에서 실제 겪은 이야기를 하는 것이 가장 좋다.

둘째, 일상의 조각들을 모아야 한다. 일상 속에서 내가 전하려는 메시지와 관련한 사례들을 수시로 기록하면서 수집 해두어야 한다. 그때 사용하면 좋은 것이 바로 노션(Notion) 앱이다. 모바일 노션(Notion) 앱에 기록하면 컴퓨터에 동기화되어 컴퓨터에서 바로 볼 수 있다.

나는 마인드맵 프로그램은 씽크와이즈를 사용하고, 디지털 메모 앱은 노션(Notion)을 사용하고 있다. 전하려는 메시지를 더 쉽게 전할 수 있는, 전하려는 메시지를 부연 설명할 수 있는 사례들을 일상생활 가운데서 수집하자.

셋째, 기록한 마인드맵과 메모들을 보면서 직접 소리를 내면서 말해본다. 앞에 청중이 있다고 생각하고 소리 내어 이야기하듯이 말을 하다 보면 어색한 부분도 있고, 쉽게 설명되는 부분도 있다. 다시 한번 강조하지만, 연습만이 살길이다. 전신 거울을 사서 표정과 제스처를 보면서 연습을 하고, 화이트보드를 사서 판서 연습을 했다. 노래방 마이크를 사서 마이크를 바르게 잡는 방법을 연습했다. 전국을 다니는 강사가 되고 싶다는 명확한 목표가 있었기 때문에 시간이 될 때마다 산에 올라가서 발성 연습을 하고, 한강 다리 위에 올라가서 스크립트를 크게 읽었다. 아무도 나의 강의를 들어 주는 사람이 없었지만, 꿈을 향해 간절히 연습하고 연습했다.

Acting, 성공한 사람처럼 연기하자

철저한 연기자가 되자. 내가 성공한 메신저가 되고 싶다면 성공한 사람처럼 연기하자. 롤 모델의 영상을 반복해서 보고 최대한 똑같이 흉내 내자. 목소리, 억양, 표정, 제스처, 숨소리까지 따라 하자. 사람들이 완전 판박이라고 인정할 정도로 똑같이 연습하자. 처음부터 나만의 스타일이 나오기는 어렵다. 성공한 메신저의 모습을 보고 똑같이 따라 하다 보면, 나만의 색깔을 찾게 된다. 요즘에는 유튜브를 통해서 얼마든지 성공한 메신저의 영상을 보면서 따라 할 수 있어 좋다.

연기자가 되기 위해서 어린아이의 마인드를 갖는 것도 도움이 된다. 지금 나는 매일 영어 학원에 다니고 있다. 처음에는 어색해서 드라마 연기자들의 표정과 목소리를 똑같이 따라 하지 못했다. 하지만, 한 아이가 짐 캐리 영상을 보고 똑같이 따라 하면서 영어를 완전히 익힌 모습을 보면서, 나도 아이가 되기로 했다. 미국 드라마 프렌즈에 나오는 연기자들의 표정 목소리 제스처까지 똑같이 따라 하려고 연습을 하다 보니 발음도 좋아지고 표현도 내 것으로 하나씩 체화가 되고 있다.

목표, 연습, 연기 3가지에 관해서 이야기했다. 반드시 학습 목표를 설정해서 한 번에 하나의 메시지를 분명히 전하자. 그리고 연습, 연습, 연습만이 살길이다. 마지막으로 연기자가 되자! 세계 최고의 메신저가 된 것처럼 연기하자.

외부 환경에 의존하지 않는 삶

나는 좋아하는 일을 찾아가고 있다. 나는 여행을 좋아한다. 여행을 통해서 새로운 것을 배우게 된다. 경험을 쌓는 것이 중요하다. 새로운 곳에 가고, 새로운 사람을 만나고, 그래서 처음 목표를 세웠던 것이 전국을 다니는 강사가 되는 것이었다. 전국을 다니면서 강의도 하고 좋은 분들도 만나고, 지역의 문화도 경험하고 싶었다. 강의를 통해서 돈도 벌면 금상첨화라고 생각했다.

서울에는 자기계발 강의가 많은데 지방에는 자기계발 강의도 많지 않고, 들으려는 분들도 많지 않아서 모집에 많은 어려움을 겪었다. 많은 인원을 모으기보다 2~3분에게 알려 드릴 수 있는 자리라도 마다하지 않고 찾아다녔다. 부산, 대구, 울산, 창원, 대전, 춘천, 제주, 광주 등 거리는 문제가 되지 않았다.

유명한 강사님들은 강의료를 많이 주어야 강의를 한다. 강사의 책 몇 권을 사주어야 한다. 이런 이야기를 많이 들었다. 나는 처음 강의를 시작할 때부터 이런 마음을 먹었다. 나를 불러주는 곳이라면 조건

따지지 말고 찾아가자. 인원의 수에 연연하지 않기로 했다. 돈에 연연하지 않기로 했다. 한 분 한 분에게 정성을 다해서 알려드리기 위해서 노력했다. 진심은 통한다. 처음 강의를 들으신 분들이 소개를 해주셔서 추가 강의가 개설될 수 있었다.

오늘도 제주도를 가는 비행기 안에서 글을 쓰고 있다. 1년에 3~4번씩 제주에 가서 강의를 했다. 29살 힘든 시간 때, 앤서니 라빈스의 책을 읽으면서 상상했다. 나도 비행기를 타고 다니면서 강의를 하는 강연가가 되고 싶다고 종이 위에 적었다. 정말 비행기를 타고 강의를 가고 있다고 생각하니 감격이 넘친다.

꿈도 목표도 없이 방황한 시간이 참 길었다. 10년이란 시간 동안 꿈도 목표도 없이 하루하루 생계를 위해서만 살았다. 더는 이렇게 살지 않겠다고 결단을 하고부터 모든 것이 달라졌다. 세상을 보는 눈이 달라졌다. 명확한 목표가 생기니 시간을 관리하기 위해서 바인더를 기록했다. 아침에 일어나서부터 밤에 잠자리에 들기 전까지 모든 시간의 사용을 바인더에 적어 내려갔다. 시간이 없다는 것은 핑계였다. 모든 시간을 기록하다 보니 내가 어떤 시간을 많이 보내고 있는지. 시간이 분석되었다.

이동하면서도 계속 강의를 들었다. 한쪽 귀에 이어폰을 끼고 다니면서 강의를 반복해서 들었다. 그것이 나의 습관으로 장착이 되었다. 평일에는 배달하고, 주말에는 강의를 미친 듯이 찾아다녔다. 앉아서 쉴 시간이 있다면 항상 책을 읽었다. 5년 후에 강사가 되고 싶다는 꿈을 적었는데 그 꿈이 3년 만에 이뤄지게 되었다. 노력하고, 준비하면 시간은 앞당겨진다. 전국을 다니는 강사가 되고 싶었다. 힘들고 어려운 시간을 견디고 메신저가 되었다는 것을 사람들에게 알리고 싶다. 그래서 나는 오늘도 글을 쓴다.

그럼에도 불구하고

성공한 사람들을 보면 외부 환경에 의존하지 않는다. 자신이 할 수 있는 일에 집중한다. 만나는 사람마다 지금 경기가 너무 안 좋아서 일이 잘 안 풀린다고 이야기를 한다. 학원 수강생 모집이 안 된다. 제품이 안 팔린다. 강의 모집이 안 된다. 외부 환경에 관한 이야기를 많이 한다. 성공한 사람들은 외부 환경에 의존하지 않고, "그럼에도 불구하고"를 외친다. 그런 힘들고 어려운 상황에서도 반드시 결과를 만들어 낸다.

좋은 환경에서는 누구나 좋은 결과를 만들어 낼 수 있다. 진짜 실력은 어려운 환경에서 차이가 난다. 외부 환경에 의존하지 않고, 지금의 조건에서 내가 할 수 있는 것이 무엇인지를 찾는다. 지금 나도 힘들고 어려운 상황 가운데 있다. 그래서 나는 내가 좋아하고 내가 잘 할 수 있는 것에 집중하기로 했다. 한국에서만 강의하는 것을 넘어 세계를 다니는 강사가 되기 위해서 하루에 12시간씩 영어 공부를 하고 있고, 헬스장에 다니면서 운동을 하고, 매일 글을 쓰고, 영상을 찍어서 유튜브에 올린다. 내가 할 수 있는 일에 집중을 계속하고 있다.

나의 강점은 사람들을 돕는 것이다. 그 전에는 내가 무엇을 좋아하는지, 무엇을 잘하는지 몰랐다. 이제야 조금 알 것 같다. 사람들이 나와의 만남 이후에 삶의 태도가 달라졌다고 이야기 한다. 책을 읽기 시작하고, 글을 쓰기 시작하고, 강의를 개설하기 시작했다. 그래 나는 사람을 돕는 일을 잘하는구나. 더 많은 사람을 돕고 싶다. 온라인, 오프라인 상관없이 더 많은 사람을 만나 선한 영향력을 전하고 싶다.

매일 글을 쓰면 책이 된다. 하지만 바쁘다는 이유로, 쓸 이야기가 없다는 이유로, 피곤하다는 이유로 내일부터를 외치면서 글을 쓰지 않는다. 꼭 책을 써야만 하는 이유를 나는 분명히 발견했다. 책을 쓰고 나서 나의 삶이 많이 달라졌기 때문이다. 책 쓰기 전도사가 되어서 만나는 사람들에게 항상 책 쓰기를 하라고 알려준다.

> "매일 단 한 줄의 글이라도 좋으니 글을 쓰세요. 분량을 신경 쓰지 말고 매일 나의 일상을 글로 쓰고, 나의 과거를 글로 쓰고, 내가 원하는 미래의 모습을 글로 쓰세요. 최대한 자세히 쓰세요. 아침에 눈을 뜨면 글 쓰는 일부터 시작하세요."

나를 통해서 매일 글을 쓰는 분들이 늘어나고 있다. 이 책을 읽는 당신도 글을 써보기를 바란다. 나도 매일 글을 쓰다 보니 책을 출간한 저자가 되었다.

지인들이 나의 책을 읽고, 독서모임을 만들고 있다. 새벽에 모여서 책을 읽고, 가족들이 모여서 책을 읽고, 회사에서도 쉬는 시간마다 책을 읽고 있다고 소식을 전해주시니 감사하다. 200쪽의 얇은 책이라서. 스토리 위주의 책이라서 앉은 자리에서 바로 읽었다는 분들이 많아서 감사하다. 내용이 좋아 100권씩 사서 선물하겠다는 분들도 계셔서 감사하다. 그 전에는 나의 책이 없다 보니 다른 책들을 사서 선물을 했다. 이제는 나의 책으로 선물을 할 수 있어 감사하다.

누구나 독서를 하고 글을 쓰는 삶을 살 수 있다. 돈 하나 들어가지 않는다. 매일 50쪽의 책을 읽고, 책에 메모하고, 거기서 얻은 아이디어를 한글 파일에 누적해서 기록한다. 독수리 타법이어도 괜찮다. 진짜 마음만 있으면 글을 쓸 방법은 많이 있다. 나의 목소리를 녹음해서 '크몽' 사이트에 전문 타이핑을 하는 사람들에게 맡겨서 타이핑을 할 수도 있다. 하고자 하는 마음만 먹는다면 세상은 나를 돕기 시작한다. 내가 하고자 하는 마음을 먹는 순간. 모든 것들이 달라 보일 것이다.

흉내 내지 말고
내 것으로 만드는 법칙

《모두에게 주고 슈퍼팬에게 팔아라》 지인 대상으로만 강의하면 신규 수강생 확보에 어려움을 겪게 된다. 메신저에게 가장 어려운 것은 수강생 모집이다. 꾸준한 신규 수강생을 만들기 위해서 내가 했던 방법들을 공유하고자 한다.

예를 들어, 스피치 강의를 하고 싶다면, 스피치와 관련한 '무료 소책자'를 제작해야 한다. SNS채널에 무료 소책자를 준다고 해서 사람들을 모은다. 이때 모두에게는 무료로 나눠 주고, 나의 강의에 관심을 보이는 슈퍼팬에게 판매를 하는 것이다. 온라인에서 사람들을 먼저 모아야 한다. 온라인 플랫폼을 이용해서 나의 스피치 강의에 관심 있는 사람들을 모으고, 그 후 무료 일대일 30분 상담 혹은 온라인 소그룹 강의를 통해서 사람들을 모은다.

코로나 덕분에 온라인 세계가 열렸다. 이제는 장소에 제약 없이 방구석에서 전 세계 사람들에게 나의 메시지를 전해줄 수 있는 시대가 되었다. 지금이 메신저 사업을 하기에 가장 좋은 때이다. 굳이 서울에 거주하지 않아도 된다. ZOOM서비스를 이용해서 온라인에서 사람들을 얼마든지 만날 수 있다.

처음 에버노트 강의를 시작할 때, 수강생들은 온라인으로 강의를 듣는 것에 대한 부담감을 느꼈다. 온라인으로 과연 수업을 배울 수 있을지 막연하게 생각했다. 그래서 우선 30분 무료 수업을 진행했다. 30분 수업을 경험 한 후에 도움이 된다고 생각하면 그 다음 3시간 유료 1:1 과정 수업을 신청하게 했다. 80%의 수강생이 유료 수강생으로 전환이 되었다. 고객이 경험할 수 있는 기회를 제공하자.

1인 기업 강의를 하는 김형환 교수도 1:1 무료 상담을 통해서 수강생에게 1인기업의 필요성을 먼저 전한 후, 5주 과정의 본 과정으로 안내한다. 수강생은 새로운 것을 시작하는 데 두려움을 갖고 있다. 내가 이 강의를 듣고, 투자한 비용만큼의 결과를 얻을 수 있을지? 돈만 날리는 것이 아닐까? 두려움을 갖고 있다. 1:1 상담을 통해서 수강생에게 필요를 알려주는 상담이 먼저 진행되어야 한다. 고가의 강의를 개설하기를 원한다면 수강생을 1:1로 먼저 만나 상품에 대한 구체적인 설명이 이루어져야 한다.

이마트에 가서도 시식을 먼저 하고 상품을 구매한다. 베스킨라빈스에서도 아이스크림 시식을 먼저 해보고 구매한다. 화장품을 살 때도 샘플을 먼저 발라보고 구매를 한다. 이와 같이 1:1 상담을 통해 고객이 먼저 경험해 볼 수 있는 기회를 제공해야 한다. 1:1 상담을 통해 고객이 필요를 느끼도록 하는 것이 중요하다. 본 강의에 앞서 샘플로 활용할 수 있는 것이 무료 소책자, 무료 1시간 코칭이다. 고객이 체험을 통해 필요를 느꼈다면 본 강의로 전환되는 확률은 높아진다.

강의 홍보를 하는 데 있어서 네이버 블로그, 유튜브는 이제 선택이 아니라 필수다. 아직 시작하지 않았다면, 지금 당장 시작해야 한다. 초보 메신저들이 실수하는 부분이 나를 공개하는 것을 두려워하고, 콘텐츠를 너무 아끼다 보니, 나의 강의 콘텐츠를 인터넷에 공유하는 것 자체를 두려워한다. 사진도 찍지 못하게 하고, 녹음도 못 하게 하는 강사들도 많이 있다. 돈은 더 많이 더 벌고 싶고, 나를 더 사람들에게 알리고는 싶으면서도 정작 가장 자신을 홍보해야 할 강사 자신이 SNS에 노출하지 않는 경우들을 보게 되었다. 내가 나 자신을 스스로 홍보하지 않는다면, 절대 나의 콘텐츠를 홍보해주는 사람은 없다. 나의 사업이고, 내가 사장이다. 나의 상품을 팔기 위해서 두 팔 걷고 뛰어야 하는 사람은 메신저 자신이다.

'유튜브 왕기초' 1시간 강의 영상을 유튜브에 올렸다. 그 영상에 활용된 '무료 소책자'를 받기 원하는 분들은 '카카오톡 오픈 채팅방', '카카오 채널'로 초대했다. 유튜브 영상을 업로드 한 후 하단에 설명 부분에 링크를 첨부할 수 있다. 영상만 시청하고 나가버리면, 아무 소용이 없다. 네이버 블로그 글만 읽고 나가버려도 마찬가지로 아무 소용이 없다. 온라인에서 검색을 통해 유입된 잠재고객들이 나의 플랫폼(오픈 채팅방, 카카오 채널) 등으로 연결해서 지속해서 나와 관계를 할 수 있게 하는 것이 관건이다.

블로그에 글을 쓰기만 하고, 유튜브에 영상만 올리는 것보다, 나를 찾아온 고객이 나의 플랫폼에 머물도록 하는 것이 중요하다. 나의 플랫폼에 들어온 사람들에게 지속적인 정보제공을 통해서, 오프라인 만남 혹은 강의로 연결되는 것이 중요하다.

처음 강의를 시작한다면 '온오프믹스' 사이트를 이용하는 것도 좋다. 자기계발에 관심 있는 사람들이 많이 있고, 카드결제나, 휴대폰 결제 등을 할 수도 있다. 단, 일정 비용에 수수료가 있다.

자신이 하는 강의가 10만 원 이상의 강의를 개설한다고 할 때, 간이과세자로 사업자를 내고, 스마트 스토어에 강의를 등록하는 것이 좋다. 5만 원 이상의 수강료는 현금으로 지불하는데 부담을 느끼기 마련이다. 나도 처음에는 강의할 때 현금을 받고 강의를 했지만, 지인 강사님이 '스마트 스토어' 결제 서비스를 이용하는 것을 보면서, 사업자를 내고, 카드결제 시스템을 만들었다. 카드로 강의료를 받으면서 수입이 5배 정도 많아지게 되었다. 수강생의 처지에서 생각해 보면 계좌이체보다 카드결제가 훨씬 편하기 때문이다. 본격적으로 강의를 하기로 했다면, 세무서에서 사업자를 내는 것을 추천하다. 상호는 습관코칭센터. 업태는 사업자, 종목은 개인 강사로 2015년에 사업자를 냈다. 기업을 대상으로 강의를 많이 한다면, 세금계산서 발행을 해야 하기에 일반 과세자로 사업자를 발급을 해야 한다. 단, 매출이 4800만 원 이하가 되면, 간이과세자로 전환이 된다. 간이과세자가 되면, 홈택스

사이트에서 세금계산서 발행이 안 된다.

본격적으로 메신저가 되고자 한다면 나는 꼭 사업자를 내고, 카드결제 시스템을 만들어서 강의하기를 추천하다. 그래야 현금영수증도 발행할 수 있기 때문이다. 분명히 다시 말하지만, 현금만 받고 강의를 할 때보다 카드결제 시스템을 만든 후에 강의를 개설했을 때 모객이 더 수월했다. 세금에 대한 부분은 세무사에게 기장을 맡겨서 해결할 수 있다.

수강료를 산정하는 방법

정해진 수강료는 없다. 수강료는 강사 자신이 정하는 것이다. 단, 5만 원 강의를 한다면, 10만 원 이상의 가치를 제공해야만 지속해서 강의할 수 있다. 6,000만 원 이상을 투자해서 수많은 강의를 찾아다녔다. 강의를 듣고, 수강료보다 시간이 더 아까웠던 강의들도 있었다. 수강생에게 수강료를 받았다면, 정말 수강생에게 도움이 되도록 강의를 준비해야 하고, 그 돈 이상의 가치를 제공해야 한다.

강의를 처음 시작한다고 해서 무료만 개설하는 것은 절대 추천하지 않는다.

첫째, 무료로 강의를 신청한 수강생의 경우. 강의에 참석하지 않는 경우가 많다.

둘째, 무료강의를 들은 경우. 추후 연결되는 유료 강좌로 전환되는 경우가 적다. 1만 원이라도 비용을 낸 사람이, 추후 본 과정도 듣게 된다.

셋째, 무료로 강의를 지속하면 수강생도 지치고 강사도 지친다. 무료 강의로 처음에 시작을 할 수는 있지만 반드시 한 달 후에는 유료 과정을 만들어서 진행해야 한다. 메신저는 지식과 경험을 통해 수익을 창출하는 사람이지, 무료로 나눠주기만 하는 사람은 봉사자이다.

수강료를 선정하는데 도움이 되었던 책은 빌비숍의 《핑크펭귄》이다. 세 가지 상자 전략이란 말이 나온다. 저가의 상품, 중가의 상품, 고가의 상품 3가지 상품을 만들어야 한다. 그래서 나는 이것을 접목해서 1만 원 강의, 10만 원 강의, 100만 원 강의 이렇게 3가지로 강의 상품을 만들었다.

기존에 다른 강사들의 수강 모집 포스터를 참고해보는 것도 좋다. 시중에서 얼마 정도의 수강료를 받고 강의를 하는지를 먼저 파악을 하고 나도 거기에 맞춰서 금액을 선정하면 된다.

수강생의 성과는 곧 강사의 성과이다

강의에서는 늘 수강생이 원하는 니즈를 파악하는 것이 먼저다. 왜 수강생이 이 강의를 들으려고 하는지? 이 강의를 통해서 어떤 것이 변화되고 싶은지? 가진 목표가 무엇인지를 파악해서 수강생이 성과를 낼 수 있도록 도움을 주어야 한다. 나는 최선을 다해서 강의했지만,

수강생의 니즈와 부합되지 않는 강의를 계속하다 보면, 강의를 찾는 수강생들은 줄어들고, 입소문도 나지 않을 것이다. 교육을 듣기 전과 후가 달라져야만 하다. 수강생이 변화되어야 자동으로 입소문도 나게 되고, 나의 강의를 찾아주는 사람들이 많아지게 된다.

수강생의 성과, 수강생의 변화에 초점을 맞춰야 한다. 그러기 위해서 수강생과 접점을 만들어서 수강생에게 필요한 부분이 무엇인지? 강사가 어떤 도움을 주어야 하는지? 어떤 부분이 어려운지? 계속 끊임없이 대화를 통해서 수강생에게서 답을 찾아야 한다. 만약 스피치를 주제로 강의한다면, 수강생이 강의를 듣고 끝나는 것이 아닌, 팟빵 혹은 유튜브에 배운 내용을 토대로 자신만의 콘텐츠를 계속해서 올릴 수 있도록 돕는다. 수강생이 내 강의를 수강한 이후에도 지속해서 실행하고 그것이 성과로 이어질 수 있도록 돕는 것이 중요하다. 그래서 나는 강의 후 애프터서비스를 중요하게 생각한다. 강의를 듣고도 강의를 듣기 전과 똑같다면, 내가 강의를 잘못한 것이기 때문이다.

유튜브나, 팟빵에 대해서 모른다면, 유튜브나 팟빵을 잘 활용하고 있는 강사와 콜라보로 강의를 진행하는 것도 좋은 방법이다. 수강생이 지속해서 콘텐츠를 생산할 수 있도록 도와주는 것이 중요하다. 고기를 잡아주는 것이 아니라. 고기를 잡는 방법을 알려주어야 한다. 스스로 고기를 잡을 수 있도록 해주어야 한다. 수강생이 이 강의를 통해서 얻고 싶은 것이 무엇인지 묻고, 그 결과를 얻을 수 있도록 실제적인 도움을 주어야 한다.

영업을 잘하고 싶다고 하면, 실제로 영업을 잘 할 수 있도록 도움이 되는 책을 추천하거나, 영업을 잘할 수 있는 강의를 소개하고, 영업을 잘하고 있는 사람을 소개해줄 수도 있다. 내가 하지 못하는 부분은 그 분야에서 잘하는 사람을 소개해주었다. 수강생에게 문제에 집중하고, 수강생이 그 문제에 대해서 답을 찾을 수 있도록 도움을 주어야 한다.

유튜브와 팟빵, 블로그를 하지 않으면서 수강생에게만 하라고 하면, 하지 않는다. 솔선수범해야 한다. 강사가 먼저 하는 모습을 보이고, 수강생이 할 수 있도록 이끌어주어야 한다. 나는 내가 하지 않는 것은 하라고 이야기하지 않는다. 내가 직접 해보고 결과를 내었던 것들 중심으로 이야기한다. SNS에 지속해서 나를 알려야 한다. 블로그에 글을 쓰고, 인스타에 사진을 올리고, 유튜브에 영상을 찍어서 올리고, 음성을 녹음해서 팟빵에 올려야 한다. 다양한 채널로 나를 알릴수록 나를 찾는 사람들이 많아진다.

내가 먼저 해보고 수강생이 그렇게 하도록 만들어야 한다. 수강생의 성과가 나의 성과다. 수강생에게 집중하고, 수강생이 성공할 수 있도록 지속해서 도움을 주어야 한다. 나의 열매는 다른 사람의 나무에서 열린다. 수강생이 결과를 낼 수 있도록 돕는 역할을 하는 것이 메신저의 삶이다.

지속 가능한 글쓰기를 하는 방법

나의 글쓰기 롤모델은 《내가 글을 쓰는 이유》 이은대 작가이다. 마라톤을 뛸 때 앞에서 페이스메이커가 뛰는 것을 보고 뛰듯. 매일 글을 쓰는 삶을 사는 롤 모델의 뒤를 보면서 매일 따라 글을 쓴다. 페이스북에서 《사색이 자본이다》 김종원 저자가 매일 글을 쓰는 모습을 보면서, 펜을 끄적이게 된다. 매일 글을 쓰는 사람을 보면, 나 또한 글을 쓰고 싶어진다. 2017년 이은대 저자의 책 쓰기 수업을 듣고 2019년 11월 《고교 중퇴 배달부 연봉 1억 메신저 되다》 책을 출간하게 되었다. 느리지만 매일 조금씩 글을 쓰다 보니 책 한 권이 나왔다. 지금도 올해 책 출간을 목표로 매일 조금씩 글을 쓰고 있다. 책을 내고 싶다면, 우선 글을 써야 한다. 누구나 책은 쓰고 싶어 한다. 하지만, 글을 쓰는 것에 관해서는 부담을 느낀다. 블로그를 시작하는 것조차 부담을 느낀다. 나의 부족한 글 솜씨를 세상 사람들에게 알리는 것에 대한 두려움이 있기 때문이다.

전문가라서 글을 쓰는 것이 아니다. 글을 쓰면 전문가가 된다. 책을 쓰면서 가장 혜택을 받은 사람은 나 자신이다. 글을 쓰면서 생각이 정리되고, 체계적으로 강의 내용이 정리되었다. 그리고 사람들이 나를 전문가로 인식해주었다. 고교중퇴 배달부로 10년을 살아온 나도 쓴 책이기에 누구라도 책을 쓸 수 있다. 지금 당장 한글 프로그램을 열어서 자신의 이야기를 써보자.

누구나 자신만의 이야기, 자신만의 경험이 있다. 꼭 성공하지 못했어도, 괜찮다. 맞춤법이 틀려도 괜찮다. 나의 이야기가 책으로 쓰이면 그 글이 다른 누군가를 돕는다. 한 권의 책으로 쓰이면 나의 삶이 새로운 가치를 지니게 된다. 꼭 글쓰기를 통해서 메신저의 삶을 살아 보기를 권한다. 노트북이 없다면, 스마트폰 블로그에 쓰는 것도 좋다 블로그에 쓴 글들이 모여 나의 책이 되었다.

내 분야에 전문가로 인정을 받고 싶다면, 관련 분야 책을 100권 읽고, 한 권의 책을 쓰는 것이 좋다. 책을 내기 전과 책을 낸 후의 나의 삶이 참 많이 달라졌다. 책을 쓰기 전에는 모든 것을 내가 직접 설명을 해야 했다면, 이제는 내 책을 읽고 나의 스토리를 알고, 나를 찾아왔다. 신규 고객을 모집하는데도 많은 도움이 되었음은 물론이다.

글을 쓰기 전에 선행되어야 하는 것은 독서와 메모다. 책을 읽다가 좋은 문장을 만나면 필사한다. 특히 출판사에서 신경을 많이 쓰는 부분이 제목과 목차이다. 내가 설명하고자 하는 주제와 관련된 책을 10권 읽어 보면서, 제목과 목차를 자세히 살피고, 좋은 문구들을 필사한다. 문구에 나의 키워드를 넣어 비틀어 글쓰기를 해보자.

예를 들어,

성과를 지배하는 바인더의 힘

성과를 지배하는 독서의 힘

성과를 지배하는 마케팅의 힘

성과를 지배하는 관계의 힘

성과를 지배하는 메모의 힘

이런 식으로, 책의 제목이나 목차에 좋은 문구들을 써넣고, 거기에 나의 키워드를 넣어서 문장을 변형시켜 보는 것이다. 그 후 그것과 관련한 떠오르는 아이디어, 경험들을 메모해두고, 그걸 보면서 글을 쓰면 단시간에 좋은 글을 쓸 수 있다. 백지상태에서 글을 쓰려면 막연하고, 쉽게 글이 써지지 않는다. 글을 쓰는 가장 좋은 방법은 좋은 글을 많이 읽어 보고, 그 글들을 보면서 나의 언어로 고쳐서 써보는 것이다. 스피치에 대한 글을 쓰고 싶다면, 스피치에 관한 책들을 보면서 스피치에 대한 나의 지식과 경험을 녹여서 글을 써보기를 추천한다.

예시)

《카네기 스피치&커뮤니케이션》 목차 참고

효과적인 화술의 기본

효과적인 **강의**의 기본 : 강사의 자세, 청중의 확보, 어디서 강의해야 할까?

효과적인 **마케팅**의 기본 : SNS 왜 해야 하는가, 어떻게 해야 하는가?

효과적인 **모집**의 기본 : 모집의 중요성, 모집을 잘하는 방법

효과적인 연설을 위한 빠르고 쉬운 길

효과적인 **강의**를 위한 빠르고 쉬운 길 : 초보 강사를 위한 글, 강의하는 방법

효과적인 **마케팅**을 위한 빠르고 쉬운 길 : 마케팅 이것부터 시작하라

효과적인 **모집**을 위한 빠르고 쉬운 길 : 지금 수강생 모집에 고민하고 있다면, 이것부터

이런 식으로 목차에 나만의 단어를 넣어 제목을 바꿔 쓴 후, 옆에 이 제목에 어떤 내용을 채워 넣을지 글감들을 메모해놓는다. 나는 책의 여백에 위와 같은 방식으로 메모를 먼저 하고, 책을 쓰거나 강의 자료를 만들 때 활용한다. 책을 읽으면서 끊임없이 활용할 만한 문장들을 찾고, 떠오르는 아이디어들을 메모한다. 책은 메모장이다. 책의

여백 공간을 적극 활용하자.

그래도 글 쓰는 것이 힘들다면?

강의할 때 녹음을 한다. (소니 TX650 녹음기 추천) 강의는 잘하지만, 글을 막상 쓰려고 하면 진도가 나가지 않는 경우들이 있다. 강의 하는 것과 글을 쓰는 것은 또 별개의 문제이다. 나도 처음에는 강의보다 글쓰기가 어려웠다. 그래서 내가 찾은 방법을 소개하겠다. 강의 시 녹음한 파일을 다시 들으면서 직접 타이핑을 한다. 1:1 상담을 할 때도 수강생에게 양해를 구하고 녹음을 한다. 수강생이 질문한 내용으로 목차를 잡고 글을 쓴다. 결국, 답은 현장에 있다. 수강생들이 궁금해 하는 것. 내가 강의 때 강조하는 것들을 글로 풀어서 쓰는 것이 모여 책이 된다.

타이핑이 느리다면, '크몽' 사이트에 타이핑 대행을 해주는 사람들에게 요청을 할 수도 있다. 책을 쓰려면 글감을 먼저 모으고, A4 10포인트 기준, 100쪽 분량을 채워야 한다. 다양한 지식과 경험이 있지만, 책을 내지 못하는 분들이 주위에 많이 있다. 난 그분들을 돕고 싶다. 나도 첫 책을 쓰는데 3년의 시간이 걸렸다. 하지만, 한번 책을 출간한 이후에는 글 쓰는 것이 두렵지 않게 되었고, 글쓰기에 속도가 붙게 되었다.

주위에 5권, 10권의 책을 낸 작가들도 있다. 그들의 공통점은 매일 글을 쓴다는 것이다. 글 쓰는 행위를 해야만 결과로 책이 나오게 된다. 그래서 나는 오늘도 글을 쓰고 있다. 말하기는 잘하지만 글 쓰는 것을 어려워한다면 꼭 자신의 강의, 코칭, 상담 내용을 녹음해서 타이핑을 해보기 바란다. 초고 100쪽만 작성하면, 출판사의 전문편집자와의 교정 작업의 도움을 받아 나만의 책을 출간할 수 있다.

재수강은 무료 서비스

재수강생이 오는 것은 부담이다. 나의 강의를 이미 아는 사람이 오기 때문이다. 그래서 메신저는 기존보다 더 준비하고, 더 열심히 강의하게 된다. 그리고 수강생은 재수강을 함으로써 더 깊이 있는 깨달음을 얻을 수 있다. 그래서 더 나은 성과를 만들 수 있다.

"코치님 처음 들을 때는 어려웠는데, 다시 들으니까 이제 알겠어요."

모든 것을 처음부터 제대로 익히기는 어렵다. 반복된 재수강을 통해서 완전히 내 것으로 만들 수 있다. 재수강생이 많으면 강의 후에 사진을 찍을 때도 수강생이 많아 보이는 효과를 낼 수 있다.《작은 가게 성공 매뉴얼》 책에 보면 '사람의 기적'이란 말이 나온다. 사람이 많은 곳에 사람들은 관심을 두고 궁금해 하기 마련이다. 식당에 가도 줄 선 곳이 맛집이라 생각하고 더 먹고 싶어진다. 기다려서 식사하면 음식이 더 맛있게 느껴진다. 그래서 나는 재수강은 무료로 하고 있다. 신규 수강생에게만 집중해서 재수강생을 소홀히 하면 안 된다. 기존에 먼저 나의 강의를 들어줬던 사람, 그리고 다시 듣고 싶어서 나를 찾아온 수강생에게 집중해서 강의하다 보면, 재수강생은 나의 찐 팬이 된다.

한 사람 뒤에는 250명이 있다. 내가 들었던 강의 중에 재수강생을 찬밥 대우하는 강의들도 있었다. 나는 재수강생이 더 중요하다고 생각한다. 실수하는 부분이 기존 수강생들에 대해 신경을 쓰기보다는 신규 수강생 발굴에만 집중하는 것이다. 기존 수강생이 성과가 나도록 돕는다면, 강의가 입소문이 나서 지속해서 강의 모집이 잘 될 것이다. 기존에 수강한 나의 수강생을 나의 찐 팬으로 만드는 것이 중요하다.

강의를 구성하는 방법

《펑크펭귄》 책에는 3가지 상자 전략이 나온다. 쉽게 이야기해서 강의를 개설할 때는

1만 원(공개특강)-10만 원(본 강의)-100만 원(심화 강의) 형태로 구성을 하는 것이 좋다.

ex)

김형환 교수의 1인기업 강의

5만 원(공개특강)-50만 원(5주 본 강의)-220만 원(프로 CEO 과정)

3P 자기경영 연구소의 3P바인더 과정

36만 원(프로과정)- 220만 원(코치과정) - 385만 원(마스터 과정)

많은 자기계발 강의들을 보면, 3가지 상자 전략을 활용하고 있는 것들을 볼 수 있다. 처음에는 공개과정을 통해서 많은 사람에게 체험을 시켜 주고, 공개강의에 참석한 사람들을 신청서를 통해 본 과정으로 전환시킬 수 있다. 여기서 신청서를 통해서 1:1 상담 혹은 당일 강의에 등록한 사람에 한해 할인 혜택을 제공하거나, 선물을 증정하기도 한다. 공개특강을 듣고, 본 강의를 신청하지 않은 사람들에게는 추후 별도의 개별 연락을 통해서 공개특강을 들은 후에 소감을 물어볼 수도 있고, 본 과정에서 수강생이 얻을 수 있는 구체적인 혜택도 전화로 설명하는 것이 좋다.

강의를 진행함에 있어서 DB 관리가 중요하다. 수강생의 이름과 연락처 등의 정보를 엑셀로 정리해서 고객 데이터를 정리해놓아야 한다. 타킷 고객을 분석하고, 고객이 원하는 부분에 대해서 메모를 해두어야 한다. 이번 강의에서 개선해야 할 부분은 무엇이고, 본 강의로 전환이 되지 않았다면 문제가 무엇인지? 다음에 듣기로 했다면, 별도의 메모를 통해서 추후 강의 개설시 안내 연락을 해야 한다. 나의 간절함에 따라 수강생이 본 강의로 연결되는 여부가 달려있다.

본 강의를 개설하기 전에 공개특강을 먼저 하는 것이 좋다. 기존에 10만 원 강의만 하던 나는《핑크펭귄》의 3가지 전략을 적용해서 2018년 5월부터 1만 원 공개특강과 8월에 평생회원 제도 100만 원 강의를 개설했다. 1만원 공개특강은 매번 개설 때마다 30명 이상이 참석했고, 평생회원도 많은 분이 신청했다.《핑크펭귄》의 3가지 상자 전략을 그대로 시행했던 결과였다. 지금 내가 하는 강의가 있다면, 그 강의 앞에 공개특강과 구르매패키지(고가 과정, 초고가 과정, 심화 과정)을 반드시 추가해야 한다.

공개특강에 온 사람을 본 강의로 연결하기 위해서 더 좋은 방법은 그 사이에 1:1 코칭을 넣는 것이다. 수강생마다 상황과 여건이 다르다. 1:1 코칭을 통해서 수강생에게 맞는 본 과정을 소개함으로써 수강생들이 본 과정을 꼭 들어야만 하는 것을 어필할 수 있다. 한 마케팅 수업에서는 2만 원 공개특강 후에 신청서를 받아 1시간 5만 원 1:1 코칭을 하는 것을 보았다. 그 후 몇 명은 550만 원의 심화 과정을 신청했다. 수강생들과 1:1로 만나는 접점을 늘리는 것이 성공한 메신저의 비밀이다. (《나홀로 비즈니스》 책 참고)

공개특강에서는 기존에 본 과정에서 수강했던 사람들의 성과사례를 이야기한다. 기존 수강생이 직접 성과 사례발표를 하면 더욱 좋다. 미국에 브랜드 버처드 공개 세미나에 갔을 때, 기존에 수강 후 삶이 변한 사람들이 세미나 중간 중간 나와서 사례발표를 했다. 그리고 마지막 날 2,000만 원 본 강의를 신청하게 했다. 강의를 듣고 성공한 사람들과 같은 그룹에 들어와서 성공을 원한다면 2,000만 원 과정을 신청하라고 했다. 나도 신청하고 싶은 마음이 굴뚝같이 들었지만, 참았다. 추후 영어 실력이 되면, 1~2년 후에는 꼭 듣고 싶다. 성공을 직접 경험한 사람의 이야기는 강력하다. 강사가 직접 이야기를 하면 나의 상품을 판매하려는 것처럼 보일 수 있지만, 실제 수강 후에 수강생의 삶이 변한 직접 사례는 효과가 크다. 공개과정에 참석한 사람들은 전기수에 참석했던 본 과정 수강생들의 수강후기를 들음으로써 본 과정에 대한 기대를 갖게 된다.

공개특강을 따로 개설하기 어려운 경우에는 본 과정에 첫 주를 무료 참관하도록 하는 것도 하나의 방법이다. 데일 카네기 코스의 경우에는 첫 주 과정을 참관할 수 있도록 한다. 첫 주 과정을 들어보고 추후 과정을 들을지 여부를 판단한다. 5주, 8주 과정의 본 강의를 개설한다면, 첫 주 과정을 무료 참관할 수 있도록 하는 것도 본 과정에 참석자를 높이는 하나의 방법이다.

구르매 전략

내가 어떻게 배달부에서 연봉 1억 메신저가 되었는지를 실제 사례들을 통해 설명하고자 한다. 이 책의 내용들을 문자적으로만 생각하지 말고, 나에게 실제로 일어난 일이라고 생각해보자. 각자의 처한 상황과 형편에 맞게 적용시켜 보자.

모든 것은 1에서 시작한다. 머릿속에서만 알고 있는 지식은 죽은 지식이다. 《실행이 답이다》 책에서도 실천하지 않는 지식은 쓰레기라고 이야기 한다. 실행을 해야만 결과가 나온다. 알고 있는 것과 실행하는 것은 천지차이다. 알았다면 실행해야 한다. 움직여야 한다. 지금 바로 실행하자.

저가와 중가만 있던 상품군에 '구르매 전략'으로 고가와 초고가를 추가하자 의외로 고가 매출이 높아졌고 초고가 제품의 수요도 상당해졌다. '전체 보여주기' 아이디어를 적용해 8시간 세미나가 끝난 후 추가 2시간 무료 Q&A, 다음 과정 설명회를 만들자 과정

신청자가 급증한 것이 대표적 사례다.

_《핑크펭귄》 중

적용사례

3P 자기경영 연구소 사례

3P 프로과정 : 1일 8시간 과정 (36만 원)

3P 코치과정 : 2개월 과정 (220만 원)

3P 마스터 과정 : 4개월 과정 (385만 원)

https://www.3pbinder.com/

위와 같은 사례들은 대표적인 구르매 전략이라고 볼 수 있다. 상품 구성을 3단계로 하자.《나홀로 비즈니스》 책에서도 이 부분을 강조한다.

따라쟁이가 되자

나의 신조는 '따라쟁이가 되자'이다. 좋은 것을 보면 따라 한다. 무에서 유를 창조하는 것은 어렵다. 하지만, 기존에 있는 것에서 변형시키는 것, 편집하는 것은 수월하다. 《따라 하기로 성공하기》 책에 보면 단계적으로 따라 하는 다섯 가지 스텝이 나온다. 5가지를 따라 하자. 롤 모델을 따라 하자. 먼저 앞서 간 사람들의 길을 따라 하는 것이 가장 빠른 길이다. 성공한 사람들은 발자취를 남긴다고 한다. 그들의 발자취를 따라가자.

제1단계 : 말 따라 하기
제2단계 : 습관 따라 하기
제3단계 : 외형 따라 하기
제4단계 : 일의 진행 방식 따라 하기
제5단계 : 종합적으로 따라 하기

나는 따라쟁이이다. 나의 멘토들을 분석하고, 똑같이 따라 한다. 그 중에서도 일의 진행 방식을 따라 한다.

메신저를 준비하는 사람은 반드시 다음과 같은 상품 구성을 해보자.

무료 30분 – 1만 원(작은 상자) – 10만 원(중간 상자) – 100만 원(큰 상자)

상품을 구성할 때는 무료, 저가, 중가, 고가로 지식상품을 구성한다. 메신저 사업을 시작할 때, 가격 구성에 대한 고민들을 많이 하게 된다. 위와 같이 자신의 지식상품을 구성해보자. 저가, 중가, 고가의 상품으로 구성을 해야 한다.

3P바인더 프로과정 8시간 수업을 마치고 난 후 2시간의 다과시간이 있다. 질의응답을 통해 참여자들과 나눔을 하다 보면, 수강생들이 먼저 그 다음 과정인 코치과정에 대한 문의를 한다. '코치 과정 등록 신청서'를 준비하고 오늘 등록하는 사람들에게 혜택을 주면 망설이던 사람들이 결단을 한다.

> 위험보다 불편이 낫다. 하기 싫은 것은 대개 옳다. 불편과 옳은 것을 선택하고 반응하면 좋겠다. 좋은 책은 5번 이상 읽어야 한다. 핑크펭귄은 20번 이상 읽으면 좋겠다.
>
> -《핑크펭귄》중

목표를 이루기 위해서는 하기 싫은 일을 해야 하다. 성공한 사람들은 남이 하기 싫어하는 일을 더 많이 한 사람들이다.

반드시 종이 위에 목표를 써서 벽에 붙이자. 그리고 그 목표를 바라보며 내가 할 일을 적어보자. 나는 그 목표를 이루기 위해서 무엇을 할 것인지? 목표에 집중해야 한다.《지금 당장 롤렉스시계를 사라》책에 나온 내용처럼, 목표를 설정하면 우리 뇌에 '자동목적 달성 장치'가 활성화가 된다. 그 목표를 이루기 위한 방법들이 끊임없이 떠오른다. 그것을 모두 기록으로 남기고, 실행계획을 세우자.

나는 3가지를 통해서 목표를 이루는 방법들을 찾는다. 책, 강의, 사람이다. 목표를 설정하는 순간 스위치가 켜진다. 물이 흐른다. 목표의 스위치를 먼저 켜는 순간, 책에서도, 강의에서도, 사람과의 만남 속에서도 목표를 이룰 수 있는 방법들을 찾게 된다. 나는 목표를 향해 다가가고 목표는 나를 향해 다가온다.

예를 들어서 '나는 8월 1000만원 벌었다.' 라고 적었다면, 다음으로 내가 해야 할 리스트를 적어야 한다. 내가 목표한 금액을 벌기 위해서 무엇을 해야 할지를 적고, 실행해야 한다. 그리고 한 달이 지난 다음에는 실제 얼마나 나의 목표를 달성했는지 수치로 피드백을 해야 한다. 목표를 달성했을 때는 즐겁지만, 목표를 달성하지 못했을 때는 괴롭다. 피드백을 하는 것이 싫다. 피드백을 통해서 자기 보기가 이뤄져야 한다. 성공한 이유는 무엇이었는지? 실패한 이유는 무엇이었는지? 메신저는 스스로를 피드백 해야 한다. 타인이 알려주지 않기 때문에 자신의 목표와 경쟁하며, 어제의 나와 경쟁하며, 끊임없이 공부하고, 피드백하며, 방법을 찾아 나가야 한다.

구르매 상품을 제작하면서 월 1,000만 원을 벌 수 있다. 1만 원 강의를 한다면, 1000명을 모집해야 한다. 현실적으로 어려운 숫자이다.

100만 원 이상의 고가의 상품을 만들었다면, 10명에게만 판매를 하면 된다. 그것은 가능한 숫자이다. 하루에 1명에게 100만 원 교육 상품을 파는 것이다. 물론 수강생이 처음부터 100만 원 상품을 구매하지는 않는다. 우선 무료 교육과 저가의 상품을 구매하고, 만족도가 높은 수강생은 100만 원 이상의 고가의 상품도 구매를 한다. 2018년 8월부터 《핑크펭귄》의 구르매 전략을 나의 메신저 사업에 적용했다. 아무도 구매하지 않을 것이라고 생각했다. 나 스스로가 가격이 비싸다고 생각했다. '내가 뭐라고 사람들에게 100만원이나 돈을 받지?'라고 생각했다. 하지만, 나는 교육을 듣기 위해서 수백만 원을 지불하고 있었다. 용기를 내어 공지를 올렸다. 단, 하루 만에 평생회원권이 5개 판매가 되었다. 한번이라도 강의를 들었던 사람들은 나의 강의에 대한 만족도를 느꼈고, 나의 모든 과정들을 듣고 싶은 마음에 고가의 평생회원 멤버십에 가입을 해주었다. 그렇게 나는 월 1,000만 원 수익을 내었고, 억대 연봉 강사가 되었다.

당장 고가의 상품을 팔지 않아도 상품구성하고 공지를 올리는 것은 필수이다. 공지를 올리고 사람들이 문의가 오기 전까지는 판매를 하지 않으면 된다. 고가의 교육상품에 대한 공지를 올려야 저가, 중가에 대한 지식 상품도 판매가 잘 된다. 나는 이것을 경험했다. 이 글을 읽는 당신도 꼭 시도해 보기 바란다.

나는 《백만장자 메신저》 책을 50번 이상 읽었다. 지금은 책 표지가 걸레 조각처럼 되었다. 사람들은 '경기가 안 좋다', '코로나 때문에 안 된다', '남편 때문에 안 된다', '아내 때문에 안 된다'라고 말한다. 외부 환경을 탓하지 말고, 나의 게으름을 탓하자.

나는 지금 코로나 이전보다 더 많은 돈을 벌고 있다. 온라인 세상이 열렸다. 지금 내가 할 수 있는 것부터 온라인에서 시작하자. 내가 사람들에게 영향력을 미친 만큼 돈이 되어 나에게 돌아온다. 배웠다면 돈을 벌어야 한다. 온라인에서 강의만 듣는 인풋만 하지 말고, 아주 작게 아웃풋을 실행하자. 아웃풋이 답이다. 인풋을 했다면, 아웃풋을 해야 한다. 밥을 먹었다면 화장실에 가야 하듯, 내가 이해한 만큼 다른 누군가를 설명할 수 있어야 메신저이다.

3P자기경영연구소 강규형 대표는《핑크펭귄》책을 20번 이상 읽으라고 추천하고 있다. 나는 단순하다. 책에서 말하는 것을 그냥 한다. 나의 교육사업 분야 멘토인 강규형 대표가 20번 읽으라고 하니, 나도 단순하게 20번 이상 읽었다. 매출이 늘었다. 책에서도 배운 것을 현업에 적용시켰다. 마케팅 관련해서 딱 한권의 책만 추천한다면 나는《핑크펭귄》책을 추천한다.

차별화의 중요성

남과 다른 나만의 것은 무엇인가?

나는 누구를 돕고 싶은가?

왜 그들은 나에게 배워야 하는가?
나만이 제공할 수 있는 메시지는 어떤 것인가?

메신저 사업에서 차별화를 이루기 위해서는 끊임없이 해야 하는 질문들이다. 밖을 보지 말고, 내 안을 들여다보는 것이 중요하다. 매일 메모를 통해서 나 자신을 들여다보자. 기록은 나를 들여다보는 거울이다. 기록을 보면, 내가 보인다.

차별화를 이루기 위해서는 실행의 속도를 높여라

교육 시장에서는 조금만 배우면 따라서 강의를 개설한다. 에버노트 교육을 하면서 교육 교재를 주었다. 다음날 나의 수강생이 나의 오픈채팅방에서 에버노트 강의를 했다. 강의를 하면서 상도는 지켰으면 좋겠다. 나는 강의를 할 때 강의 자료까지 다 제공을 한다. 그것을 변형해서 강의하는 것을 장려한다. 하지만, 새롭게 모집하는 훈련을 먼저 해야 한다.《초격차》도저히 따라 할 수 없도록 속도를 높여라. 끊임없이 새로운 콘텐츠를 만들어내는 것이 중요하다. 그러면 다른 사람이 따라 하는 것이 두렵지 않다. 다 주어도 나는 다른 것을 만들면 되니까. 받는 자보다 주는 자가 되자. 실행의 속도를 높이면 가속도가 붙는다. 지금은 책을 읽으면 바로 강의를 할 수 있을 정도로 속도가 빨라졌다. 모든 것은 학습을 통해 가능하다. 한두 개의 콘텐츠만으로 강의를 하면, 금방 지치게 된다. 매번 새로운 수강생을 모집을 해야 하기 때문이다. 처음에는 하나의 콘텐츠로 시작을 하는 것이 맞지만, 나의 수강생들에 맞는 콘텐츠의 다각화가 필요하다.

고객의 관점에서 나를 바라보기

나는 항상 나의 강의를 다시 듣는다. 내가 말실수를 한 것은 없는지? 잘 이해가 되는지? 쉽게 설명을 하는지. 쉽게 설명하는 것은 가장 중요하다. 멋진 말로 포장을 해서 수강생에게 잘 보이는 것보다, 쉬운 표현으로 수강생의 이해를 돕고 실행하도록 하는 것이 더욱 중요하다. 강의를 잘하는 것과 수강생이 성공하도록 돕는 것은 다르다. 나는 강의를 잘하는 사람이 아니라. 수강생이 성공하도록 돕는 메신저가 되고 싶다.

고객의 관점에서 나를 분석하자. 나의 홍보 포스팅의 글씨 크기는 작지는 않은지? 가격대는 적정한지? 고객이 참여가능한 시간대인지? 자기중심으로 강의를 하면서도 모집이 힘들다고 하는 메신저들이 있다. 고객이 원하는 것을 제공해야 한다. 고객들이 무엇을 원하는지 끊임없이 질문을 하고, 그들의 눈높이에 맞는 교육을 하는 것이 중요하다. 고객들의 니즈를 파악하는 것이 중요하다. 고객과 1:1로 만남의 시간을 늘리는 것이 중요하다. 답은 현장에 있다. 나의 메신저 사업의 성패는 고객이 쥐고 있다. 고객을 1:1로 만나라. 고객의 피드백에 귀를 기울이자.

반복된 메시지로 포지셔닝하라

자신의 메시지를 SNS에 반복해서 올려야 한다. 나는 시간과 공간에서 자유로운 메신저의 삶. 지식과 경험을 통해 누구나 메신저가 될 수 있다는 내용을 반복해서 블로그, 인스타, 페이스북, 오픈채팅방 등에 올리고 있다. 나의 생각으로 소비자를 전염시켜라. 반복해서 이야기 하면 나를 찾아주는 사람이 반드시 생긴다.

정기적으로 콘텐츠를 발행하자. 내가 생각하는 브랜딩이란 지속성이다. 지속해서 나를 알리는 시간이 최소 1년에서 3년은 필요하다. 나도 처음에는 3년이란 시간이 걸렸다. 하지만, 많은 사람들이 몇 달 해보지도 않고(그것도 불규칙적으로) 쉽게 포기를 해버린다. 타인과 경쟁하지 말고, 나와의 경쟁에서 승리해야 한다.

성공하는 메신저 사업에서 주기적으로 콘텐츠를 발행하는 것은 매우 중요하다. 그래야 입소문이 날 수 있다. 주기적으로 모임을 만들어서 운영하는 것도 좋다. 2016년부터 매주 일요일 저녁 나는 독서모임을 운영했다. 매주 모임을 운영하면서 나를 알렸고, 사람의 수에 연연하지 않고 지속하다 보니, 나의 모임의 참여자들은 자동적으로 늘어나게 되었다.

나의 최상위 고객은 누구인가?

나의 고객은 누구인가?
나는 누구를 돕고 싶은가?

나의 고객은 누구인지에 대한 고민을 많이 했다. 처음에 에버노트 강의를 할 때 명확한 타킷 고객을 설정하는 것이 어려웠다. 막연하게 정리에 대한 고민이 있는 분, 나의 메모를 잘 관리하고 싶은 분들을 대상으로 강의를 했다. 다양한 연령에 다양한 분들이 나의 강의를 들어주셨다. 3년 정도 매주 강의를 하다 보니 에버노트를 통해 가장 큰 효과를 보시는 분들이 생겼다. 부동산 투자를 하는 분들이었다. 부동산 임장 사진 및 메모를 임장노트로 정리하고, 부동산 관련 강의 및 책들을 에버노트로 정리했다. 그리고 부동산 투자를 하는 분들은 배움에 대한 투자를 아끼지 않았다. 부동산 공인중개사무실 혹은 부동산 학원 등에 다니며 교육을 했다. 부동산 투자자를 위한 에버노트 강의라고 공지를 올리니 더 많은 사람들이 수강 신청을 했다.

그 후 나의 고객은 누구인지 끊임없이 고민했다. 나의 에버노트 강의는 쉽게 배워서 누구나 강의를 따라 할 수 있었으며 특히 에버노트 강사들도 많았다. 그래서 나만이 할 수 있는 것은 무엇인지 고민했다. 차별화를 두고 싶었다. 왜 사람들이 나에게 와야 하는지 그 이유들을 찾기 시작했다.《백만장자 메신저》 책이 도움이 많이 되었다. 나는 처음 강의를 시작하는 분들을 돕기로 결심했다. 처음 강의를 통해 수익을 내고 싶었지만, 어디서부터 어떻게 시작해야 할지 몰랐다. 나를 알리고 싶었지만, 무엇부터 시작해야 할지 몰라 막연히 고민했다.

CS강사 국비 지원 교육을 들으면 강사가 되는 줄 알았지만, 강의를 듣는다고 강사가 되는 것은 아니었다. 많은 강의들을 수천만 원을 들여 찾아다녔지만, 강사가 되는 것은 쉽지 않았다. 오랜 시간이 걸렸다. 돈과 시간을 너무나 낭비했다. 그래서 나는 처음 메신저 사업을 시작하는 분들을 돕고 싶은 마음으로 나는 이 책을 집필했다. 나처럼 그들이 시행착오하지 않도록 돕고 싶다. 나를 통해 메신저 꿈나무들이 많이 생겨나기를 소망한다.

《백만장자 메신저》 책의 저자 브랜드 버처드가 진행하는 세미나에 참석하기 위해 미국에 두 번 다녀왔다. 2,000명이 넘는 사람들이 모여 같이 강의를 듣고, 나눔 하는 모습을 보았다. 그래 나도 한국에서 최고의 메신저가 되겠다. 그리고 영어공부를 열심히 해서 전 세계를 다니는 메신저가 되겠다고 결단했다.

나는 초보에게 관심이 많다. 영어 분야에서도 시원스쿨처럼 왕초보 대상 강좌가 인기가 있다. 어느 분야든지 초보를 대상으로 하는 시장은 크다. 메신저 산업에 들어가고자 하는 이들에게 도움을 주고 싶다. 그래서 지금도 끊임없이 마케팅에 대해서 공부를 하고, 책을 읽고 있다.

고객들이 나를 찾아오는 이유는 무엇인가?

1:1로 만나면 쉽게 속 이야기를 한다. 그들에게 반드시 물어봐야 한다. 왜 나를 찾아 왔는지? 나에게 어떤 부분을 배우고 싶은지를 말이다. 그들이 공통적으로 하는 이야기가 있다. 나를 만나러 오는 사람들은 돈을 벌기 위해서이다. 지식창업을 통해 수익화를 하고 싶은 사람들이 찾아온다. 지식창업을 통해 돈을 벌어본 사람에게 물어보는 것이 가장 빠른 방법임을 알기에 찾아온 것이다.

나의 열매는 다른 사람의 나무에서 열린다

나는 수강생의 성과에 집중한다. 첫째는 나의 성과이고, 둘째는 수강생의 성과이다. 성과를 내본 사람은 성과를 내는 방법을 경험을 통해 알고 있다. 성과를 내본 사람에게 배우는 것이 가장 빠른 성과를 내는 방법이다. 그래서 나는 끊임없이 성공한 사람들의 강의를 찾아

다닌다. 나의 강의가 없는 날은 책을 읽거나, 강의를 듣는다. 고인물이 되지 않기 위해서 새로운 것을 계속 습득하고 있다. 피터 드러커의 말처럼 성과를 올리는 것은 습득이 가능하다. 배우고 익히면 못할 것이 없다. 내가 먼저 작은 성과를 내보는 경험이 필요하다.

메신저에는 3가지 종류가 있는데, 성과기반 메신저, 연구기반 메신저, 롤모델형 메신저이다. 성과를 내본 경험이 있으면, 그것을 통해 메신저 사업을 할 수 있다. 큰 성과, 대단한 성과가 아니어도 된다. 아주 작은 성과여도 된다. 책을 내본 경험이 있다면, 책 쓰기 강의를 할 수 있다. 독서모임을 해본 적이 있다면, 독서모임 운영방법에 대해 강의를 할 수 있다. 내가 먼저 해본 경험이 있기에 타인의 시행착오를 줄여줄 수가 있다. 블로그를 통해 상위노출, 체험단 등에 경험이 있다면, 블로그 강의를 할 수 있다. 아이를 잘 키워 좋은 대학에 보냈다면, 자녀교육을 할 수 있다. 영어를 통해서 자녀가 혹은 자신이 영어를 잘하게 되었다면 영어 교육을 할 수 있다.

누구나 남들보다 자신 있는 하나는 있다. 자신만의 무기가 있다. 분명히 있다. 나는 확신한다. 그런데 그것을 스스로는 발견하지 못하는 경우가 있다. 모두가 가치 있다고 하는데 스스로에 대해 가치 평가를 낮게 한다. 나의 성과 사례를 찾고, 그것을 통해서 메신저 사업을 시작해보자. 나의 성과를 중심으로 타인이 성과를 내도록 도와주자. 그러면 성공한 메신저가 될 수 있다.

나는 독서를 통해 인생을 바꾸었다. 그래서 독서를 통해 성과를 내게 돕는 일을 하고 있다. 평범한 사람이 독서를 통해 인생을 바꾸고, 독서모임을 운영하고, 독서모임 운영법에 대한 강의를 하고, 월 1,000만 원 이상을 버는 사례들이 생겨나고 있다.

메모를 통해서 삶을 바꾼 이야기를 통해, 월 1,000만 원 이상 수익이 나는 사례들도 생기고 있다. 나의 코칭을 통해 성과들이 지속해서 나오고 있다. 누구나 메신저가 되어 월 1,000만 원 이상을 벌 수 있다. 그리고 자신의 수강생들이 1,000만 원 이상을 벌 수 있게 도와주는 메신저가 될 수 있다.

초심을 잃는 순간 모든 것을 잃는다

처음 시작했을 때의 마음을 잊지 말자. 기록으로 남기자. 메모를 하고, 사진으로 처음 시작했을 때의 모습들을 남기자. 수강생들과 함께 찍은 사진도 보관하자. 처음에 한 명, 두 명 모집이 어려워서 폐강이 되었던 적도 여러 번 있었다. 10인실을 빌려놨는데 모집이 되지 않아 1~2명이 온 적도 있었다. 그래도 매주 강의를 진행했다. 한 주도 쉬지 않았다. 씨를 뿌리기 위해서 노력을 했다. 독서모임을 할 때도 한 명의 참석자만 있어도 모임을 진행했다. 아무도 오지 않을 때는 혼자 책을 읽었다. 나와의 약속을 지키기 위해서 노력했다.

모집이 되지 않을 때마다 어떻게 모집을 더 잘할 수 있을까? 마케팅 교육을 찾아다니고, 마케팅 책을 읽으며 연구했다. 새로운 방법을 찾아가며 시도해보았다. 간절했다. 나의 지식과 경험을 더 많은 사람들에게 알리고 싶었다. 하지만, 나를 찾아주는 사람은 그 어디에도 없었다. 블로그에 글을 써도 댓글 하나 달리지 않는 날은 힘이 빠지기도 했다. 그래도 나와의 약속을 지켜 나갔다. 지속하는 것만이 답이라고 생각했다. 멈추지 않고 한걸음씩 나아갔다. 블로그 포스팅을 계속하고, 부끄러운 모습이지만 유튜브 영상을 찍어서 올렸다. 스마트폰으로 편집 없이 통으로 찍어서 올렸다. 완벽한 시작이 아닌 부족하게 엉성하게, 어설프게, 거지같이 시작한 것이다.

지금도 처음에 강의 시작할 때의 노트들과 수첩들을 들여다본다. 작은 강의장에서 웃고 있는 모습을 보면, 눈물이 나기도 한다. 현실은 힘들었지만, 꿈을 포기 하지 않고, 지금까지 묵묵하게 걸어온 메신저의 길이 감사하다. 초심을 잊지 말자. 처음의 간절한 마음을 잊지 말자. 조금 잘되었다고, 변하는 메신저가 되지 말자. 지금도 처음 그 마음을 잊지 않기 위해 노력한다.

수강생이 잘되어야 내가 잘 된다

나는 수강생의 성과에 집중한다. 나는 앉으나 서나 나의 수강생의 성공을 생각한다. 좋은 책과 좋은 강의를 만나면 수강생 전용 카톡방에 자료들을 공유한다. 어미새의 마음이다. 좋은 것을 보면 먼저 알려주고 싶다. 좋은 책을 만나면 추천을 한다. 좋은 책을 만나면 오랜 친구를 다시 만난 것처럼 기쁘다. 좋은 책을 만나면 실행할 부분을 찾아 반드시 실행한다. 먼저 실행해보고 결과를 공유한다. 똑같이 따라 하면 성과가 난다. 아무리 말을 해도 실행하지 않으면 결과가 나지 않는다. 혼도 내고, 타일러도 본다. 이게 맞는데, 이게 맞는 방법인데, 여러 가지 이유와 핑계들로 움직이지 않는 모습을 보면 답답한 마음도 든다. 그래도 참고 기다려준다. 자신의 때가 있다는 것을 안다. 자신만의 속도가 있다는 것을 안다. 수강생이 성과가 나야 나도 잘될 수 있다. 수강생의 성과에 집중한다. 눈높이에 맞는 교육과 상담으로 수강생이 결과를 만들어낼 수 있도록 돕는다. 고객의 필요를 채워주기 위해 노력한다. 나의 열매는 다른 사람의 나무에서 열린다.

온라인 세상이 열렸다

코로나 이후에 지식산업에도 많은 변화가 있어졌다. 오프라인으로만 사업을 하는 경우 어려움을 겪고 있지만, 온라인으로 사업을 하는 분들의 사업이 3배, 5배 확장되었다는 소식을 들었다. 빠르게 온라인 세계에 진입해서 변화를 준비한 사람들은 대응할 수 있었다. 이제는 변화에 익숙해져야 한다. 모두가 줌을 키고, 온라인으로 매일 밤마다 강의를 듣는다. 인원을 모집하면 최소 100명에서 500명까지 함께 모여서 강의를 듣는다. 오프라인으로 수업할 때는 평균 5명-10명이 모였다. 10배 이상 규모가 커졌다. 수입도 늘었다. 온라인으로 수업을 진행하니 지방에서도 해외에서도 많은 분들이 함께 참여할 수 있다. 집에서도 밤늦게도 아침 일찍도 모여서 참여할 수 있다.

온라인 세상이 열렸다. 온라인 세계에 이제는 적응해나가야 한다. 스마트폰이 익숙하지 않다고, 컴퓨터가 익숙하지 않다고 피하면 안 된다. 콘텐츠의 소비자는 돈을 쓰는 사람이다. 콘텐츠의 생산자가 되어야 돈을 벌 수 있다. 온라인 세계에서 나의 지식과 경험으로 누구나 돈을 벌 수 있는 시대가 되었다. 2020년 10월, 온라인으로 토니 로빈스 세미나에 참여했다. 전 세계에서 8,000명이 넘는 사람들이 모여 줌으로 참여했다. 코로나 덕분에 지식산업 세계가 5년 앞당겨졌다고 했다. 이제 기회가 왔다. 위기 속에는 반드시 기회가 있다.

벼랑 끝 전술

두려움, 내 생각의 문제다

메신저가 되고 싶어 하는 사람이 많다. '지식과 수익으로 수익을 내는 방법' 강의를 하면서 항상 이야기한다.

"공지부터 올리세요."

"블로그에 공지를 올리고, 그다음에 강의 준비를 하세요."

"강의장을 예약하세요. 그리고 강의 준비를 하세요."

그러면 모두 이야기한다.

"준비된 다음에 할게요."

"어떻게 바로 공지를 올려요."

나중에 하겠다는 것은 안 하겠다는 소리다. 나는 상담을 통해 그 자리에서 바로 공지를 올리게 한다. '설마 신청하겠어요?'라는 의문이 무색할 정도로 공지를 올리자마자, 40명이 신청한 강의도 있었고, 전국적으로 강의를 하게 되신 분도 있었다.

사람들은 무엇인가를 시작할 때 완벽한 준비를 한 다음에서야 행동을 하려고 한다. 나는 일단 시작하고, 부족한 부분들은 채워나간다. 처음 시작할 때는 막연한 두려움에 사로잡혀 앞으로 나아가지 못한다. 어릴 때 걷는 것이 두려웠던 것처럼, 자전거를 처음 타는 게 두려웠던 것처럼, 자동차 운전을 처음 배웠을 때 도로 주행이 두려웠던 것처럼, 처음에 무엇인가를 시작할 때는 두려움이 앞선다. 하지만, 그 두려움에 사로잡혀 새로운 시도를 주저하면 안 된다. 우선 시작하고, 부족한 부분은 배워나가고, 채워 나가자.

몇 년 전 처음 독서모임을 시작할 때가 생각난다. 양재동에 있는 양재 나비에 딱 2번 나가봤다. 매주 토요일 새벽 6시 40분에 전국에서 온 사람들이 양재동 지하 강의장에 모여 책을 읽고, 나눔을 하는 모습을 보면서 나는 충격을 받았다. "내가 잠들어 있는 시간에도 이렇게 열심을 가진 사람들이 새벽을 깨우고 있구나. 나도 독서모임을 만들고 싶다. 나도 사람들과 같이 책을 읽고 나누고 싶다."라고 생각했다. 그래서 독서모임을 만들고 싶었지만, 용기가 나지 않았다. 두려웠다. 페이스북 친구가 울산에서 독서모임을 만들어서 운영한다는 공지글을 봤다. 그래 나도 해보자! 공지를 그대로 따라서 썼다. 아무도 안 오면 나 혼자 책을 읽지 뭐 하는 마음으로 공지를 올렸다. 마땅한 강의장이 없어서 지인이 운영하는 수학학원 강의장을 빌렸다. 떨리는 마음으로 모임날짜와 장소를 올렸다.

나는 항상 역산 스케줄링이 중요하다고 생각한다. 거꾸로 계산하는 것이다. 먼저 공지를 올리고 강의장을 예약하면 강의 준비를 안 할 수가 없다. 그냥 준비하는 것보다 정확한 날짜가 정해지면 더 치열하게 준비를 하게 된다. 그게 내가 선호하는 방법이다. 나는 항상 벼랑 끝 전술을 이용한다.

메신저 스트레스 관리법

과거의 문을 닫아 버리자. 지나간 일들은 과거로 묻어 두자. 내일과 어제의 짐까지 모두 오늘 지고 가려 하다보면 아무리 강한 사람이라도 쓰러지게 된다. 미래나 과거를 모두 닫아 버리자. 미래란 바로 오늘이다. 앞뒤의 문을 꽉 닫고 오늘을 위해서만 충실히 생활하는 습관을 지니도록 하자. 과거에 너무 연연했다. 그때 그런 말을 하지 말걸, 그때 그 사람에게 더 잘해줄걸. 그때 내가 그런 행동을 하면 안 되었는데. 과거의 후회로 일상을 망친 적이 많았다. 과거의 문을 닫아야 하는데, 항상 생각의 고리가 과거로 흐르고 있었다.

미래에 대한 기대가 너무 컸다. 목표를 너무 크게 잡고, 그 목표를 이루기 위해서 수면을 줄였다. 현재의 여유를 찾지 못했다. 나중에 여유가 되면, 나중에 시간이 되면, 나중에 상황이 되면, 나중에… 앞으로 다가올지도 모르는 미래에 기대하면서 현재를 희생하며 살아갔다. 그렇다. 나는 현재가 아닌, 과거, 미래 속에서만 살고 있었다. 〈쿵푸팬더〉 영화에 나오는 대사가 있다.

"Yesterday is history, Tomorrow is a mystery. But today is a gift"

과거는 역사이고, 미래는 미스터리이며, 현재는 선물이다. 그렇다. 나는 현재라는 선물을 받았음에도, 과거의 역사 속에서 벗어나지 못했고, 미스터리인 미래의 불안 속에 현재의 선물 상자를 뜯어보지 못하고 있었다. 영어 단어의 'present' 뜻도 형용사로는 현재의 이지만, 명사로는 선물이라는 뜻이다.

미래를 위한 준비로 2019년 9월부터 하루 12시간 넘게 영어 공부를 했다. 하지만, 영어 공부 시간은 나에게 고통의 시간이었다. 너무 많은 스트레스를 받아서 몸이 약해졌다. 결국 마음의 문제가 해결되지 않은 것이 문제였다. 과거에 영어 때문에 받았던 상처, 고통, 트라우마. 중학교 때 나를 무시했던 선생님의 목소리와 친구들의 목소리가 귀에서 떠나지 않았다. 영어를 함에 실패를 두려워하지 말라는 한 문장을 책에서 보았다. 마음을 고쳐먹었다. 나는 영어 아기다. 넘어져도 괜찮고, 웃음거리가 되도 괜찮다. 다시 도전했다. 매일 넘어졌다. 그래도 다시 일어났다. 지금은 영어가 트라우마가 아닌 나의 친구가 되었다. 현재 나의 일상의 절반 이상이 영어로 채워지고 있다. 24시간을 영어로 채우고 싶다. 과거의 상처, 미래의 불안이 아닌, 현재의 즐거움을 찾기 위해 영어와 매일 함께하고 있다.

모래시계처럼, 한 번에 한 알의 모래, 한 번에 한 가지 일

모래시계를 뒤집으면, 가운데 작은 구멍으로 모래가 한 알씩 천천히 아래로 떨어진다. 가끔 멈출 때가 있다. 너무 빨리 내려오다가 모래가 뭉치면 시계가 멈춘다. 일도 그렇다. 한번에 한 가지의 일을 해야 한다. 반면, 여러 가지 일을 동시에 처리하려고 했던 적이 많다. 책상에 산더미 같은 책을 쌓아 놓고, 강의 자료와 고객관리와 글쓰기까지. 여러 가지 일을 동시에 하면서 마음은 항상 바쁘고, 제대로 진행되지 않을 때 한 번에 한 가지씩 하게 도와준 도구가 있다. 바인더이다. 일이 복잡하면 항상 옆에 바인더를 보았다. 오늘 해야 할 가장 중요한 일부터 했다. 한 가지 일을 마치면 다른 일을 했다. 성과가 나기 시작했다. 할 일을 작성하는 것은 종이에 하는 것이 좋다. 종이에 작성하면서 우선순위가 정리된다. 바인더는 삶의 내비게이션이다. 방향을 잃었을 때 바인더를 보면, 현재 어디에 있고, 지금 내가 해야 할 일이 무엇인지 명확히 알 수 있다. 종이에 쓰자. 내가 해야 할 일을 그리고 우선순위 번호를 정하자. 1번부터 한 번에 하나씩만 하자. 모래시계처럼 한 번에 하나만.

나는 지나가 버린 어제 일은 잊어버리기로 하고, 내일의 일을 생각하지 않는 것을 배웠다. 매일 아침 "오늘은 새로운 인생이다."라고 중얼거리기도 했다. 고독에 대한 두려움과 결핍에 대한 공포를 극복하는 데 조금은 성공했다.

〈Today my life begins〉 팝송이 있다. 오늘이 나의 인생의 시작이다. 다 포기하고 싶을 정도로 힘든 날이 있었다. 외국인 코치가 나에게 말해주었다. "오늘은 너의 인생의 시작이야!" 정신이 번쩍 들었다. 힘이 들 때마다 "Today my life begins."라고 외친다. 이제 과거에 갇혀 살지 않기로 했다. 생각하고 싶지도 않은 상처, 아픔, 고통 속에서 빠져나오고 싶었다. 안 된다는 말, 못한다는 말, 포기한다는 말을 하고 싶지 않았다. 소심하고, 눈치 보고, 무서워하고, 어린아이처럼, 웅크리고 있는 과거의 그 모습에서 벗어나고 싶었다. 다시 시작하고 싶었다. 나의 인생 자체를 다시 시작하고 싶었다. 매일 하루하루 아침마다 다시 외친다. 오늘이 나의 인생의 시작이다

딱 하루만 생각하기로 했다. 내일 일은 아무도 모른다. 괜히 내일 일을 걱정하지 않기로 했다. 코로나가 언제 끝날지 모른다. 언제 경제적 상황이 좋아질지 모른다. 지금 이 순간에만 집중하기로 했다. 지금은 이 글을 쓰는 순간에만 집중하고 있다. 아무 소리도 들리지 않는다. 온통 생각이 지금 여기에만 집중이 된다.

글쓰기를 하면서 현재에 더 집중하는 삶을 살게 되었다. 주변을 관찰하는 눈을 갖게 되었다. 새로운 것을 발견하면 '이 주제로 글을 써야지' 하며 메모부터 한다. 책을 읽다가 좋은 문장을 보면, 빠르게 밑줄을 긋고, 내 생각을 더한다. 지금도 그렇게 메모한 글들을 보며 글을

쓰고 있다. 현재를 살기 위해 아침마다 크게 소리쳐 외치자. 거울을 보며 나의 눈을 보며 말하자. 오늘이 내 인생의 새로운 시작이다.

걱정을 해결하는 마법의 공식

1. 일어날 수 있는 최악의 상황은 무엇인가?
2. 그것이 회피할 수 없는 일이라면 최악의 상황을 받아들일 준비를 해라.
3. 그런 뒤에 침착하게 최악의 상황을 개선하기 위해 노력하라.

_《카네기 행복론》 중에서

첫째, 나에게 일어날 최악의 상황은 강의를 계속 못하게 되는 것이다. 나를 찾아주는 사람이 아무도 없고, 내가 가장 사랑하는 강의를 못하게 되는 것이다. 수입이 끊기고, 아무도 나에게 오지 않게 된다.

둘째, 최악의 상황을 상상하면 끔찍하다. 그래도 그것을 받아들이기로 했다. 스트레스 극복 마법의 공식이라고 하니, 그것을 실천해보려고 한다.

셋째, 최악의 상황을 개선하기 위해서 나는 무엇을 할 수 있을까? 고민해보았다. 현재의 교육 사업이 망하게 된다면, 다시 배달하면 되지 뭐, 좋아하는 오토바이를 원없이 탈 수 있으니까. 식당에서 일하면

밥은 굶지 않을 텐데 뭐. 마음이 조금은 가벼워진다.

걱정과 싸울 줄 모르는 사람은 단명한다

마음과 육체는 하나다. 최선을 다해서 강의했는데, 영업하는 것 같았다. 환불해 달라 등의 부정적인 피드백이 있었을 때는 몸이 아파서 한 달을 누워 있었던 적이 있었다. 다시는 강연을 하고 싶지 않았다. 한번은 1:1 미팅 후 나에 대해 안 좋은 소문을 퍼뜨리고 다닌 사람이 있었다. 너무 화가 나고 속이 상했다. 너무 감정이 상해서 폭발할 지경이었다. 사람이 무서웠다. 사람들이 나를 또 안 좋게 평가하면 어떡하지. 대인기피까지 생겼다. 확률이라는 말을 들었다. 모든 사람이 나를 좋아할 수는 없는 것이라고, 나를 좋아하는 사람이 있는가 하면, 싫어하는 사람도 있는 것이라고. 나를 좋아하는 사람들을 믿고 다시 강의하기 시작했다. 그래도 두려움에 1:1로 만나는 것은 한동안 못했지만. 걱정이 많다. 조금만 신경을 쓰면 배가 아파 화장실에 수시로 간다. 예민했다.

돌이켜 보니 나 자신을 사랑하는 마음이 없었다. 나 자신을 스스로 사랑하지 못하다 보니 다른 사람에게 인정받으려고만 했다. 타인이 나를 인정해주지 않으면 너무 괴로웠다. 외로웠다. 힘들었다. 메신저의 삶을 살며, 매일 혼자서 모든 것을 결정해야만 했다. 그래서 더 사람이 그리웠다. 좋은 기대를 바랐다. 항상 걱정을 달고 살았다. 깊이 잠을 잔 적이 없다. 항상 자다가 깨면 핸드폰부터 확인했다. 혹시나 놓친 메시지가 없는지. 나 자신을 챙기고 사랑하기보다, 타인을 챙기는 데 먼저였다. 걱정을 줄이기 위해 나 자신부터 사랑하는 법을 배우고 있다. 나와 대화하는 시간을 갖기 위해 글을 쓰고 독서한다. 글을 쓰면서 나의 내면과 대화하는 시간을 갖는다.

나 자신이 싫었다. 그것밖에 못 해, 그렇지 네가, 항상 그렇지. 죽고 싶었다. 매일 아침이 고통이었다. 아침이 너무 싫었다. 빛이 너무 싫어 이불을 뒤집어썼다. 자고, 자도 시간은 많이 흘러가지 않았다. SNS를 통해 보는 세상에 모든 사람은 다 행복해 보이는데, 나만 세상에서 제일 불행한 것 같았다. 차라리 태어나지를 말걸. 부모님에 대해 원망도 했다. 매일 어떻게 죽을까만 생각했다. 연탄불로 죽을까? 한강에서 뛰어내릴까? 너무 고통스럽고 힘든 일들로 인해 자살 충동을 심각하게 겪기도 했다. 정신과 상담도 알아보기도 했다. 우울증 약을 먹어야 하나. 그 어둡고 컴컴함에서 나오게 해준 것이 독서였다. 마음에 관한 책들을 읽기 시작했다. 마음공부를 하기 시작했다. 내가 왜 이렇게 우울한지, 내가 무엇 때문에 이렇게 힘든지를. 조금씩 글쓰기를 시작했다. 독서와 글쓰기를 하면서 동굴에서 나올 수 있었다. 내가 책을 만나지 않았다면, 글쓰기를 몰랐다면, 다시 일어설 수 없었을 것이다.

5장

온라인 지식 맛집 창업 5단계 프로세스

나는 실패 전문가이다. 10년 동안 돈과 시간을 낭비했다. 초보 메신저들이 시행착오를 하지 않도록 돕고 싶어 책을 쓰게 되었다. 지식 창업에 대한 이해를 돕기 위해 맛집 창업에 빗대어 설명하고자 한다.

2020년 3월부터 5월까지 매출이 제로였다. 모든 것이 멈추었다. 5월 말부터 온라인으로 전환해서 강의를 하면서 많은 성과를 낼 수 있었다.

아직까지 오프라인만을 고집하고 있고, 코로나가 끝나기만을 기다리고 있다면, 제로로 시작할 수 있는 온라인 지식 맛집 창업에 도전하기를 바란다.

온라인 지식 맛집 창업은 5단계로 설명할 수 있다.

1단계 : 매장 만들기

2단계 : 결제 시스템 갖추기

3단계 : 대표 메뉴 만들기

4단계 : 홍보와 마케팅

5단계 : 고객감동과 찐 팬 만들기

누구나 온라인으로 나만의 지식과 경험을 판매할 수 있는 시대가 바로 지금이다. 두려움 때문에, 나 자신을 스스로 믿지 못해서 시작하는 것을 포기하지 말고, 꼭 시도해보기 바란다. 오프라인은 실패하면 금전적 피해가 크지만, 온라인은 제로로 시작할 수 있다. 실패해도 리스크가 크지 않다. 실패를 통해서 성공과 가까워질 수 있고, 실패를 통해서 얻은 교훈은 새로운 나만의 콘텐츠가 된다. 즉, 성공도 실패도 좋은 것이다.

1단계 : 매장 만들기

창업 비용 제로 :
스마트폰과 노트북으로 무자본 창업이 가능한 시대

오프라인에서 장사를 하기 위해서는 매장이 있어야 한다. 최소 수천만 원의 자본금이 많이 필요하다. 물론 노점상으로 작게 시작할 수도 있다. 하지만, 안정적인 사업을 이끌기 위해서는 목이 좋은 자리에 매장을 갖고 있어야 한다. 사람들이 찾아올 수 있는 공간이 있어야만 한다. 오프라인 매장은 큰돈이 들어간다. 인테리어, 집기들을 준비하는 데도 돈이 들어간다. 직원도 뽑아야 한다. 하지만, 온라인 매장은 스마트폰과 노트북만 있으면 혼자서도 언제든지 시작할 수 있다. SNS 공간이 바로 우리가 차려야 할 진짜 매장이다. 초보 메신저 중에 스마트폰과 컴퓨터를 무서워하는 경우가 있다. 배우고 익히면 못할 것이 없다. 천천히 나만의 속도로 하나씩 배워나가면 된다. 우리가 배우고

자 하는 것은 이미 유튜브에 모두 공개되어 있다. 하고자 하는 마음만 먹으면 얼마든지 공짜로 공부할 수 있는 시대이다.

무조건 블로그와 오픈채팅방부터 시작하자

수많은 SNS 채널 중에서 무엇부터 시작하면 좋을까? 나는 네이버 블로그와 오픈채팅방부터 시작할 것은 추천한다. 그 다음은 네이버 카페이다. 간판과 전단지와 같은 역할을 하는 것이 네이버 블로그이다. 블로그에 나의 상품을 게시하고, 우리 매장의 스토리를 작성해서 알린다. 여기서 말하는 상품은 첫째는 내가 되어야 한다. 나를 먼저 팔아야 한다. 보쌈집에 가면 보쌈 사진이 아닌 할머니 사진을 해놓듯이. 욕쟁이 할머니 가게에 할머니를 보러 가듯이. 내가 상품이 되어야 한다. 내가 누구인지 알리지 않은 상태에서는 아무리 맛있는 음식도 팔기에 어려움이 있다. 내가 누구인지를 먼저 알리고, 상품을 판매해야 한다. 즉, 자신을 소개할 수 있는 글을 먼저 쓰고, 얼굴 사진도 공개하는 것이 좋다.

내가 왜 이 교육 사업을 시작하게 되었는지? 나는 어떤 마인드로 이것을 임하고 있는지? 내가 당신에게 제공할 수 있는 것은 무엇인지? 처음 무엇부터 시작해야 할지 어렵다면, 블로그에 일기를 쓰는 것도 좋은 방법이다. 결과가 아닌 과정을 보여주어야 한다. 어떤 큰 결과물을 먼저 만들어내고, 그 다음에 지식창업을 시작하려는 초보 메신저들이 많다. 거꾸로 해야 한다. 결과가 아닌 과정을 보여주어야 한다. 지식창업을 위해서 읽고 있는 책, 배우고 있는 강의들에 대한 정리를 올리는 것도 좋다.

블로그에 글을 써서 올리고, 댓글로 소통한다. 여기서 소통은 내 가게에 들어오는 사람들과 인사를 하는 것이다. 손님이 내 매장에 들어왔는데 들어오든지 말든지 신경도 안 쓰면 그 가게가 어떻게 되겠는가? 하루 30분에서 1시간은 SNS로 고객과 소통하는 시간을 확보하자.

- 메신저를 위한 공부방 블로그 https://blog.naver.com/gandhi2005
- 메신저 스쿨 카페 https://cafe.naver.com/evernotesuccess

오픈채팅방은 가두리 양식장이다. 블로그에 상품을 올려도, 그것을 보고 결제까지 이어지는 경우는 많지 않다. 오픈채팅방에서 충분한 소통이 이뤄져야 한다. 무료 시식을 한 후에 구매로 이어진다. 여기서 말하는 시식이란, 무료 혹은 저가 강의를 말한다. 《핑크펭귄》 책에서도 무료 초콜릿을 통해서 고객을 대피소에서 나오게 한다는 말이 나온다. 오픈채팅방에서는 중요내용을 공지로 정리해두면 좋다. 나는 노션(Notion) 앱을 활용해서 공지 내용을 정리하고 있다.

오픈채팅방 공지내용 링크

https://www.notion.so/894c2ea3be22495fb3eacb1d50b4a9eb

• 돈 되는 오픈채팅방 운영 노하우 무료 강의영상

: https://cafe.naver.com/evernotesuccess/5567

지식창업을 위해서 SNS는 선택이 아니라 필수이다

아무리 맛있는 음식을 차려 놓아도 사람들을 모으지 못하면 판매할 수 없다. 사람들이 나를 찾아오는 문이 바로 SNS이다. SNS는 사용료도 무료이다. 단, 나의 시간과 노력이 들어가야 한다. 일상 속에 모든 것이 콘텐츠이다. 삶의 조각을 모아야 한다. 글감을 모아두면 글쓰는 시간을 줄일 수 있다. 영상 제작 시간을 줄일 수 있다.

지식 배달을 위한 도구

코로나가 있기 전에는 줌이라는 도구가 있는 줄도 몰랐고, 필요성을 느끼지도 않았다. 처음에는 100명으로 시작했는데, 온라인 줌 수업 참여자가 많아지면서 300명 요금제를 사용하고 있다. 강의를 하면 평균적으로 150명에서 250명 정도가 동시에 수강을 하고 있다.

• 줌 서비스 https://zoom.us

추천도서: 《게으르지만 콘텐츠로 돈은 잘 법니다》, 《영향력을 돈으로 만드는 기술》, 《된다 된다 줌》

2단계 : 결제 시스템 갖추기

온라인 매장을 만들었다면, 온라인 결제 시스템을 갖추어야 한다. 초보 메신저들이 계좌이체로만 강의료를 받는 경우들을 본다. 1~3만 원대의 저가의 강의는 상관이 없지만, 10만 원 이상의 중가의 교육 과정을 개설할 경우, 고객의 입장에서는 10만 원 이상을 현금으로만 지불하기에는 부담될 수 있다. 카드 할부를 원할 수 있다. 인터넷 뱅킹이 어려운 고객들도 있다.

반드시 카드 결제 시스템을 만들자. 카드 결제 시스템을 만들기 위해서는 사업자 등록증이 필수적으로 필요하다. 연매출 4800만 원 이하이면, 간이과세자로 사업자를 등록할 수 있다. 관할 세무소에 가면 당일에 만들 수 있다. 사업자명이 고민이 된다면, 우선 자신의 이름으로 하고, 추후 수정할 수 있다. 스마트 스토어를 운영하기 위해서는 통신판매 서비스도 등록을 해야 한다.

처음에는 카드결제를 페이앱으로 받았고, 지금은 결제선생과 스마트 스토어 2가지를 이용하고 있다. 커피 한잔을 마실 때도 요즘은 현금보다 카드를 더 많이 쓴다. 고객이 결제를 편하게 할 수 있도록 시스템을 갖추어야 한다. 그리고 오픈채팅방 공지에 계좌 번호를 넣어두면 상대가 클릭해서 바로 이체할 수 있어서 편리하다. 카드 결제 링크도 오픈채팅방 공지에 넣어두자. 고객이 메뉴 선택과 결제를 편하게 할수록 나의 매출은 높아진다.

- 페이앱 사이트 https://payapp.kr
- 결제선생 사이트 https://payssam.kr/
- 메신저를 위한 공부방 결제 매뉴판 https://linq.kr:9000/messenger
- 스마트 스토어 https://smartstore.naver.com/evernotesuccess

3단계 : 대표 메뉴 만들기

고객의 불편 속에 답이 있다

우리 집에서만 파는 대표 메뉴는 무엇인가? 해 아래 새 것은 없다. 처음부터 전혀 없었던 새로운 것을 만들자는 이야기가 아니다. 편집을 통해서, 큐레이션을 통해서 고객이 필요로 하는 제품을 만들어야 한다. 먼저 내가 줄 수 있는 것을 종이 위에 모두 써보자. 내가 만들 수 있는 메뉴들을 리스트업 하는 것이다. 《나홀로 비즈니스》 책에서는 내가 줄 수 있는 것과 고객이 필요로 하는 것의 교집합을 찾으라고 이야기한다.

나는 스마트폰 전자기기를 좋아한다. 새로운 앱이 나오면 다운 받아서 써보고 모르는 것은 책과 유튜브를 통해서 공부한다. 익숙해질 때까지 반복해서 사용해본다. 설명해주는 것을 좋아한다. '컴퓨터 학원은 많은데, 왜 스마트폰학원은 없지'라는 생각이 들었다. 2012년부터 스마트폰 교육을 1:1로 시작했다. 바쁜 사장님들이 주 고객이었고, 스마트폰에 익숙하지 않은 50~60대가 주 고객이었다. 회사 근처 카페, 사무실, 집으로 찾아가서 교육을 해드렸고, 처음에는 3시간 알려드리고 1만 원을 받았다. 경험을 쌓는 것이 먼저라고 생각했다. 그 다음에 3만 원, 5만 원, 10만 원, 30만 원 가격을 높일수록 수요는 더 많아졌다. 내가 좋아하는 일을 하며 돈도 벌 수 있으니 메신저의 삶은 행복하다. 그 당시부터 온라인 원격 1:1 수업을 통해서 해외에 있는 고객들 지방에 있는 고객들에게도 수업을 진행했다.

스킬 교육과 마인드 교육

2012년부터 지식창업을 시작했다. 처음에는 '습관 소모임'으로 시작했다. 에버노트 교육, 구글앱스 교육, 3P바인더 교육, 독서법 교육, 씽크와이즈 교육, 백만장자 메신저 교육, 마케팅 교육, 브라이언 트레이시 교육. 콘텐츠가 하나씩 추가되게 되었다. 처음에는 스킬을 가르쳤지만, 이제는 스킬보다 마인드를 가르치고 있다. 10년 동안 메신저 사업을 운영하면서 배운 것은, 스킬은 누구나 따라 할 수 있지만, 마인드는 아무나 따라 할 수 없다는 것이다. 생각이 바뀌지 않으면 스킬을 배워도 절대 실행하지 않는다는 것을 깨달았다. 나는 마인드 코칭 전문가로 포지셔닝하기 위해서 노력하고 있다.

베끼고 베끼고 베끼고

메신저 사업을 하다 보면, 나의 콘텐츠를 그대로 베껴서 하는 다른 메신저들을 만나게 된다. 콘텐츠는 따라 할 수 있지만 스토리는 따라 할 수 없다. 나만의 스토리를 입혀야만 한다. 나만의 이야기로 나의 상품을 포장해야 한다. 에버노트를 교육하는 사람도 많고, 3P바인더를 교육하는 강사도 많다. 하지만 고교중퇴 배달부에서 디지로그 기록 관리를 통해 5년 만에 수입을 10배로 만든 사람은 박현근 코치 한 사람뿐이다.

다른 사람이 나의 콘텐츠를 베끼는 것이 두렵다면 따라올 수 없는 속도로 신제품을 만들면 된다. 그것도 어렵다면 아무도 따라 할 수 없는 나만의 스토리를 만들자. 나는 매일 새로운 콘텐츠를 만들고 있다. 여기서 콘텐츠는 철저히 고객중심이 되어야 한다. 고객이 필요로 하는 제품을 제공해야지 내가 주고 싶은 콘텐츠가 되어서는 안 된다. 내가 노션(Notion) 앱을 잘 쓰는 것과 상대가 노션(Notion) 앱을 잘 쓰게 해주는 것은 다르다. 나는 후자가 되고 싶다. 내가 잘하는 것이 중요한 게 아니라, 상대가 잘 되게 세워주는 사람이 되기 위해 지금도 끊임없이 배우고 공부한다.

고객들과 1:1 소통을 많이 해야 한다. 고객들은 알고 있다. 어떤 상품이 맛이 있는지? 어떤 상품이 별로인지. 1:1만남을 통해서 고객에게 질문한다. 왜 나를 찾아 왔는지? 왜 이 교육을 들으려고 하는지? 그러면 고객들이 공통적으로 이야기 하는 부분이 반드시 있다. 고객이 나에게 반복해서 물어오는 것이 나만의 콘텐츠이다. 문제의 답은 고객이 갖고 있다. 현장에 답이 있다. 현장에서 답을 찾아야 하는데, 혼자 머릿속으로 고민만 해서는 답을 찾기 어렵다.

한 강의에서만 베껴서 하는 것은 모방이 된다. 최소 3군데 이상에서 베끼면, 새로운 것을 만들어 낼 수 있다. 배운 내용과 함께 나만의 스토리가 입혀져야만 진짜 나의 지식상품으로 재탄생하게 된다.

추천도서 : 《에디톨로지》, 《무기가 되는 스토리》

4단계 : 홍보와 마케팅

홍보와 마케팅 어떻게 할 것인가?

파는 것은 섬기는 것이다. 작년 10월 토니 로빈스 세미나에서 배운 내용이다. 3일에 500만 원 세미나였지만, 이 강의를 듣고, 바로 월 매출을 8,000만 원까지 낼 수 있었다. 배움에 대한 투자는 반드시 돌아온다. 자신 스스로 자신의 지식 상품에 대한 확신이 없으면 판매를 적극적으로 할 수 없다. 첫째, 나 자체가 상품이 되어야 하고, 둘째, 내가 나의 상품의 홍보 대사가 되어야 한다. 자신 스스로가 상품에 대한 확신이 없으면 절대 판매에 성공할 수 없다.

많은 초보 메신저가 체면 때문에, 사람들이 나를 어떻게 생각할까 하는 두려움 때문에, 부끄러움 때문에, 나를 드러내는 것을 어려워한다. 나 주식회사의 사장은 나 자신이다. 내가 나의 상품을 팔지 못하면 아무도 대신 팔아주지 않는다.

SNS를 통해 나를 세상에 알리자. 나를 SNS에 드러내기 위해서 필요한 것이 글과 말이다. 나의 글을 블로그와 브런치에 써야 하고, 나의 음성과 영상을 팟빵과 유튜브에 올려야 한다. 내가 누구인지 모르는 상태에서 절대 사람들은 나의 지식 상품을 구매하지 않기 때문이다. 나를 먼저 팔아야 한다. 나를 먼저 드러내야 한다.

꾸준한 콘텐츠 발행

하나의 콘텐츠 발행에 많은 시간을 소요하면 안 된다. 지속적으로 하는 데 어려움이 있다. 시간도 줄이면서도 지속적으로 콘텐츠를 발행할 수 있는 방법을 소개하겠다. 나는 매주 책을 기반으로 하는 무료 줌 특강을 진행한다. 책에 있는 내용과 나의 경험과 생각을 같이 공유한다. 줌 수업 내용을 녹화해서 5~10분 분량으로 영상을 잘라서 유튜브에 업로드 한다. 유튜브 음성 추출을 해서 팟빵에 올린다. 이렇게 하면, 유튜브와 팟빵을 동시에 할 수 있다. 강의를 녹화한 풀영상 강의를 다시 들으면서 핵심 내용들을 노션(Notion)에 정리하고, 그 내용을 기반으로 블로그와 브런치, 페이스북에 글을 쓴다.(내용은 동일하게 복사 붙여넣기 한다) 나는 쓰는 것보다 말하는 것이 편해서 강의를 먼저 하고, 글을 그 다음에 쓰지만, 글을 쓰는 게 더 편한 경우에는 순서를 반대로 해도 된다. 글을 먼저 쓰고, 그 쓴 내용을 바탕으로 유튜브 혹은 팟빵을 해보는 것을 추천한다. 콘텐츠를 발행하기 위해서 사전에 필요한 것은 생각정리이다. 생각정리로는 마인드맵을 추천한다.

메신저의 인사이트 링크
https://www.notion.so/e773c8dae9ef48fb86d9f958fc0f41ba

추천도서 : 《생각정리스킬》, 《생각정리스피치》, 《매일 마인드맵》

1대1 관계 기반 마케팅

관계는 1:1에서 만들어진다. 한 사람 뒤에는 250명의 사람들이 있다. 코로나로 많은 사람들이 모일 수 없는 지금의 시점에서 우리는 1:1 관계기반 마케팅에 집중해야만 한다. 나는 2020년 2월부터 매일 한명씩 점심시간에 무료 1:1 코칭을 했다. 지금까지 코칭 한 인원이 150명이 넘었다. 영어 학원 점심시간을 쪼개 가며 강남역 근처 스타벅스에서 만나 코칭을 했다. 사전에 미리 질문을 받았고, 1시간 동안 내가 알고 있는 지식과 경험을 아낌없이 나눠 주었다. 그리고 7월부터는 강남에 메신저를 위한 공부방에서 1:1코칭을 하면서 씽크와이즈로 한 장의 맵으로 정리해주었다. 보이지 않는 생각을 보이게 만들어 주는 도구가 바로 씽크와이즈이다.

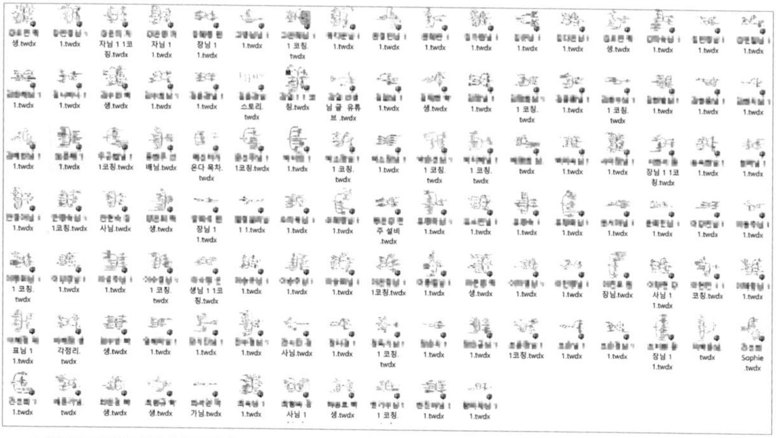

1:1 코칭 때 작성한 씽크와이즈 파일들

실전 코칭 질문

코칭은 답을 주는 것이 아니라, 답을 통해서 그 사람 안에 있는 답을 찾을 수 있도록 도와주는 것이다. 나는 코칭을 할 때 아래와 같은 질문들을 사용한다.

라포 형성 – 쉬운 질문을 통해서 마음 문 열기. 어디서 오셨어요?

목표 설정 – 한 달에 얼마를 벌고 싶으세요? (10명 중 7명은 월 1,000만 원을 목표로 한다)

3년 후에 어떻게 되고 싶으세요?

나는 00월 1,000만 원 벌었다. 포스트잇에 크게 쓰게 한다. 목표를 설정하는 순간 스위치가 켜지고, 물이 흐르기 시작한다.

현 상태 파악 – 현재는 어떠세요?

목표와 현재의 차이 파악하기 – 그 갭을 줄이기 위해서 어떤 것들을 시도해 볼 수 있을까요? 상대가 답하는 내용들 중심으로 정리를 하고, 내가 알고 있는 책과 강의를 소개하고, 필요한 사람을 소개해준다.

우선순위 정하기 – 무엇부터 시작해볼 수 있을까요?

마무리 – 오늘 어떤 내용이 가장 기억에 남으세요?

- 1:1코칭 내용 https://blog.naver.com/gandhi2005/221991755400
- 씽크와이즈 사이트 https://www.thinkwise.co.kr/

코칭 관련 추천도서 : 《부하의 능력을 12배 키워주는 마법의 코칭》, 《질문의 7가지 힘》, 《3가지 질문만으로 실적이 오르는 질문형 영업》

나의 고객이 모인 시장으로 들어간다

호랑이를 잡으려면 호랑이 굴로 가야 되고, 고기를 잡으려면 바다나 강으로 가야 한다. 나의 고객이 모여 있는 공간을 찾아야 한다. 나는 자기계발 시장으로 접근했다. 내가 배우는 것을 좋아했고, 한번 배우러 가면 거기서 만난 사람들과 친분 형성이 되었다. 그리고 그 사람들이 자연스럽게 나의 고객이 되었다.

내가 배운 곳에서 성과 모델이 되기 위해 노력한다. 나는 반복해서 재수강을 한다. 한번 듣고는 성과를 낼 수 없다. 최소 5번에서 10번까지 재수강을 한다. 같은 과정을 듣고 또 듣는다. 한번 강의를 들을 때마다 한 가지를 실행하고, 다시 재수강을 하면서 기존에 놓쳤던 부분을 발견하고 실행한다.

- 정영민 대표의 트렌드 헌터의 성공사례 https://youtu.be/9aCyoZ96-aE
- 강규형 대표의 3P자기경영연구소 성공사례 https://youtu.be/k13_295RyU8
- 김형환 교수의 1인 기업 수업의 수업 성공 사례 https://youtu.be/PVVbdCWebbA

수익을 극대화 하는 제휴 마케팅

《나홀로 비즈니스》 책에서는 상품을 제작하는 방법에 대한 24가지 방법에 대해서 나온다. 여기서 오프라인 시장보다는 온라인 시장에 집중했다. 제품보다는 서비스 곧 지식상품에 집중했다. 상품을 직접 팔기보다 사람들에게 소개를 요청했고, 제휴 마케팅을 통해서 상대의 교육 상품을 판매했다.

추천도서 : 《나홀로 비즈니스》, 《백만장자 메신저》, 《제로창업》, 《조인트 사고》

5단계 : 고객감동과 찐 팬 만들기

무료강의가 유료강의보다 가치 있어야 한다. 무료 상품이 가치 없으면 사람들은 절대 유료 상품을 구매하지 않는다. 무료 특강에서 부터 팬을 만들어야 한다. 팬이 된 고객에게 가격은 중요한 것이 아니다. 1만 원 강의에서 10만 원 이상의 가치를 제공하기 위해서 노력을 한다. 1만 원 특강을 들은 고객이 300만 원 이상의 고가의 과정을 신청한다. 확신을 했기 때문이다. 많은 초보 메신저들이 자기가 알고 있는 지식을 알려주면 빼앗긴다고 생각하니 안타깝다. 알려줄수록 더 잘 되는데, 조금 알고 있는 그 지식이 빼앗길까봐 꼭꼭 숨겨둔 채 알려주려 하지 않는다. 유료 과정에서 알려준다고 해서 들어보면, 역시나 실망인 경우가 있다.

추천도서: 《대중 유혹의 기술》, 《광팬은 어떻게 만들어지는가》, 《1천 명의 팬을 만들어라》

기대 이상으로 제공한다 : 퍼주기 전략

10배의 가치로 되돌려준다. 1만 원을 받고 10만 원 이상의 서비스를 제공하면, 팬이 된다. 더 쉽게 말해서 나의 서비스를 통해서 고객이 돈을 벌게 해주면 팬이 된다. 나의 지식상품을 구매한 고객들이 돈을 번다는 소식이 매일 들려오고 있다. 코칭, 강의 영상 구매, 실시간 라이브 강의 참석 등을 통해서 고객들이 마인드의 변화를 겪었고, 실행을 하니 실제 수익으로 연결되었다. 지식을 전달하는 것과 실제 행하게 하는 것은 다르다. 안다고 실행하는 것이 아니다. 실행해야 알게 된다. 나는 동기부여 전문가이다. 사람들이 나의 강의를 듣고 힘을 낸다. 고교 중퇴 배달부였던 박현근도 하는데, '나는 더 잘 할 수 있겠다'며 용기와 희망을 얻는다. 어려운 시대에 희망의 메신저가 되고 싶다. 사람들과 같이 울고 웃으며, 서로 공감하며 한걸음씩 나아가고 있다.

감동을 주기 위해서 필요한 것들 : 본질은 사랑의 마음

처음 메신저 사업을 시작할 때 가장 힘들었던 부분이 물어볼 사람이 없었던 것이다. 강사는 되고 싶었지만, 저자와 강사는 나와는 다른 세계의 사람들처럼만 느껴졌다. 내가 할 수 있는 것이라고는 저자들의 책을 읽는 것과 유튜브에서 유명 강사들의 강의를 듣는 것밖에 할 수 없었다. 그리고 나를 알리는데 어려움도 많이 겪었다. 다른 카페에서 홍보를 하다가 탈퇴도 당하고, 욕도 먹었다. 많은 시행착오를 하면서 "그래 내가 나중에 메신저로 자리를 잡으면 다른 사람들을 도와야 되겠다."라고 결단했다. 그래서 메신저 스쿨 카페를 만들었고, 처음 메신저 사업을 시작하고 싶어 하는 사람들에게 나의 지식과 경험을 아낌없이 나누기 위해서 노력하고 있다.

내가 주고 싶은 것보다 중요한 것은 고객이 원하는 것이다

고객의 소리를 들어주고, 필요한 부분 하나를 해결해주면 감동을 한다. 예를 들어서 사이트에 영상을 업로드 해서 판매하고 싶어 하는 사람에게 사이트에 영상을 올리는 방법과 판매까지 연결 시켜 주면 팬이 된다. 책을 쓰고 싶어 하는 사람에게 책쓰기 수업을 소개해주고, 출판사를 연결해주었다. 팬이 되었다. 그 사람에게 당장 가장 필요한 어플, 컴퓨터 프로그램, 추천 강의, 책, 사람을 소개해주었다. 나는《관계우선의 법칙》책을 좋아한다. 나의 제품보다 중요한 것은 나의 수강생이 성과를 내는 것이다. 많은 메신저들이 자신의 상품 판매에만 집중하는 것을 보면 안타깝다. 팔지 말고 사게 하고, 내가 말하기 전에 고객이 필요로 하는 것을 듣는 것이 먼저이다.

달라고 해서 주는 것은 감동이 없다. 요청하기 전에 제공한다. 예를 들어 음식점에서 “사장님 저희 이렇게 많이 시켰는데 서비스 없어요?”라고 말하기 전에 음료수 서비스를 먼저 갖다 준다. “사장님 여기 반찬 리필 좀 더 해주세요.” 하기 전에 “더 필요한 것은 없으세요?” 먼저 묻고, 갖다 준다. 기대 이상의 서비스를 하면 감동을 한다. 여기서 맛은 기본이다. 다시 말해 강의는 기본이다. 맛도 없는데 서비스도 안 좋으면 다시는 찾고 싶지 않은 매장이 된다. 맛집 매장이 되고 싶으면 맛은 기본이다. 고객 중심으로 고객이 성과를 낼 수 있는 방법은 무엇인지 나는 매일 연구한다.

나의 열매는 다른 사람의 나무에서 열린다

성과는 크게 2가지로 나눌 수 있다. 첫째는 나의 성과이고, 둘째는 수강생의 성과이다. 나는 나의 성과보다 수강생의 성과를 나게 돕는 것이 더 중요하다고 생각한다. 나에게 돈과 시간을 투자한 사람들에게 그 이상의 것으로 돌려주기 위해서 노력하고 있다. 나의 성과만을 자랑하는 메신저들이 있다. 강사는 돈은 잘 벌지만, 수강생은 돈을 쓰기만 한다. 이런 교육 사업이 지속될 수 있을지 의문이다. 나의 성과보다 중요한 것은 수강생의 성과이다. 수강생이 실제적 성과를 나게 돕는다면 수강생은 나의 팬이 된다.

월 1,000만 원을 가장 빨리 벌 수 있는 방법

1,000만 원을 가장 빨리 벌 수 있는 방법은 크게 3가지이다. 첫째, 천만 원 이상 번 사람의 책을 읽는다. 둘째, 천만 원 이상 번 사람의 강의를 듣는다. 셋째, 천만 원 이상 번 사람을 인터뷰한다. 나는 책, 강의, 인터뷰를 통해서 배웠다. 나는 5년 안에 월 1,000만 원 버는 메신저 100명을 만들 것이다. 실제 지금 1,000만 원 이상 버는 메신저들이 생겨나고 있다.

메신저 성공사례 링크
https://www.notion.so/570de5a7cbd64d54acb9b90dc9e45344

추천도서 : 《콘텐츠가 전부다》, 《아이엠 스토리》, 《무기가 되는 스토리》, 《타이탄의 도구들》

이 영상을 참고해서 보시면 더 이해에 도움이 됩니다.

온라인 지식 맛집 링크

https://youtu.be/8YP1hXwhFms

6장

메신저의 조언 30가지

Q1
메신저 사업을 시작할 때 사무실이 있는 것이 좋을까요?

메신저 사업을 처음 시작할 때 가장 중요한 것은 고정비를 줄이는 것이다. 처음부터 사무실을 오픈하게 되면, 조급한 마음이 생긴다. 매달 고정비 지출이 많아지기 때문이다. 처음에는 카페나, 스터디룸을 이용했다. 지금은 코로나 덕분에 온라인 세상이 열렸다. 코칭도 온라인으로 하고, 수업도 온라인으로 진행하고 있다. 집의 한 공간을 스튜디오로 만드는 것을 추천한다.

Q2
온라인으로 수업을 들으면 집중이 잘되지 않아요.

온라인의 장점도 있지만, 그 시간에 다른 것들을 하다 보면 집중도가 떨어지게 된다. 그래서 온라인 수업을 들을 때는 앞에 구글 타이머를 켜놓는다. 핸드폰은 비행기 모드로 둔다. 이 강의를 통해서 얻고 싶은 것은 무엇인지 먼저 학습에 대한 기대를 노트 위에 작성하고 수업을 듣는 것이 좋다. 이 교육을 통해서 반드시 얻고 싶은 목표가 세워지면 그 것을 성취하기 위해서 집중하게 된다.

온라인 수업을 들을 때도 반드시 필기를 하면서 수업을 들어야 한다. 나는 유튜브 영상을 볼 때도 필기를 하면서 영상을 본다. 일상의 모든 것들이 콘텐츠이기 때문이다. 그냥 듣는 입장에서 그치는 것이 아니라, 이 온라인 수업을 듣고 내일 강의한다는 생각으로 들어보자. 모든 것들을 다 적다보면 시간이 부족하다. 타인에게 설명할 수 있는 부분 중심으로 키워드 중심으로 빠르게 메모를 하며 강의를 듣는다. 그리고 그 배운 내용으로 나만의 콘텐츠를 만들어보자.

Q3
나의 고객이 누구인지 모르겠어요.

나의 고객을 찾기 가장 좋은 방법은 10년 전에 나에게 해주고 싶은 메시지를 찾는 것이다. 10년 전에 내가 알았으면 좋았을 것들, 거기서 출발해보자. 내가 살아온 과정 속에서 나는 어떤 노력들을 해왔고, 어떤 것들을 후회하는지? 인생의 선배로서 나의 과거의 나 자신에게 해주고 싶은 메시지를 정리하는 것이다. 나는 10년 전에 나에게 책을 더 많이 읽으라고 이야기를 해주고 싶다. 그래서 독서법에 대한 관심을 갖게 되었고, 독서법 관련해서 수많은 책과 강의들을 들으며 현재 실용 독서법 강의를 하고 있다.

그리고 투자 공부를 하라고 이야기하고 싶다. 얼마 전부터 주식투자와 부동산 투자를 시작했다. 19살 때부터 일을 했지만, 금융지식에 대한 부족으로 저축의 중요성은 느끼지 못했다. 일을 해도 돈이 부족했고, 가불도 밥 먹듯이 했다. 20년 가까운 사회생활을 하면서 저축에 대한 개념이 없이 살아왔다. 그러다 보니 투자에 대한 개념은 더욱더 없었다. 존리 저자의 《엄마 주식사주세요》 책을 읽고, 주식에 대한 고정관념이 깨졌다. 주식을 사기 시작하니 저절로 소비 습관이 줄어들게 되었다. 투자를 통해서 돈이 불어나는 것을 보았기 때문이다.

좋은 정보를 얻으면 사람들에게 나눠주고자 하는 마음으로 살아왔다. 내가 알고 있는 지식과 경험을 주변 사람들에게 전해준다면 어떤 사람들이 가장 도움을 얻을 수 있을까? 나만의 고객을 찾고, 그들에게 아낌없이 나눠주자.

Q4
배울 게 너무 많아서 어떤 것부터 배워야 할지 모르겠어요.

어떤 사람들을 돕고 싶은가? 거기서 출발한다고 생각한다. 고객들이 필요로 하는 것. 그들의 불편을 해결해줄 수 있는 것을 내가 배워서 알려 줄 수 있다면 비즈니스가 된다.

3년 후에는 어떤 모습이 되고 싶은가? 삶의 롤 모델을 설정하자. 나는 그 모습이 되기 위해서 지금 무엇을 시작해야 할까? 삶의 롤 모델이 있다면 찾아가서 물어보는 것도 좋은 방법이다. 처음에 강사를 꿈꾸면서 많은 강사를 찾아다녔다. 강사가 되기 위해서 읽어야 하는 책과 배워야 하는 강의들에 대해서 추천을 받았다. 내가 원하는 모습을 설정하고 그 모습이 되기 위해서 지금 나는 무엇을 해야 할지 종이 위에 작성하고, 우선순위를 정했다. 조급한 마음에 너무 여러 가지를 동시에 배우려고 하기 보다는 한 달에 한두 가지만 수업을 신청하고 집중해서 교육을 들어보자. 과정에 참여했다면 숙제도 잘하자. 숙제를 하면서 배우는 것이 더 많기 때문이다.

주위 다른 사람들과 비교하는 것은 금물이다. 저 사람은 저걸 하는데 나는 안 하면 뒤처지는 것 같은 마음이 든다고 생각하지 말자. 지금 당장 내가 배움에 필요성을 느끼지 못한다면 나중에 배워도 된다. 사람마다 배움에 대한 속도가 다르고, 실행하는 속도가 다르다. 음식을 급하게 먹으면 체하듯이 하나씩 하나씩 꼭꼭 씹어 소화하면서 배워 나가자.

Q5
메신저 사업을 시작할 때 홍보에 대한 어려움이 있어요.

나를 알리기 위해서는 SNS에 꾸준히 콘텐츠를 발행하는 것이 중요하다. 지식 상품을 팔기 전에 신뢰를 쌓는 것이 먼저이다. 길을 가다가 모르는 사람이 돈을 빌려 달라고 하면 빌려줄 사람은 아무도 없을 것이다. 신뢰가 먼저다. SNS에 자신이 어떤 사람인지를 글과 사진, 영상으로 지속해서 콘텐츠를 발행하면서 자신을 알리는 일이 선행되어야 한다. 지속적으로 콘텐츠를 발행하다 보면 분명히 나를 만나고 싶어 하는 사람이 생기기 시작한다. 처음에는 무료로 1:1 코칭을 하면서 성공경험을 쌓는 것이 중요하다. 그 다음에는 수강생의 변화사례를 성과모델로 해서 홍보를 진행한다.

첫째, 자신의 성과로 자신을 알리는 것이고, 둘째, 수강생들의 성과를 알리는 것입니다. 나의 열매는 다른 나무에서 열린다는 말이 있다. 수강생들의 성과, 그리고 수강후기가 생명이다. 카톡으로 받은 감사 메시지, 블로그에 후기 댓글을 모두 수집해야 한다. 나는 강의를 끝낼 때 수강후기를 작성하는 시간을 갖고, 종이에 작성한 수강후기는 사진을 찍어서 SNS에 포스팅을 한다. 수강후기를 작성한 수강생들에게는 강의 교재와 강의 녹화본을 제공한다. 네이버에서 '독서법 강의'로 검색하면 내가 쓴 글보다 수강생들이 작성한 후기 글들이 더 많이 노출이 된다. 나 혼자 블로그로 홍보를 하는 것에는 한계가 있다. 수강생들이 각자의 블로그에 나의 강의를 추천하는 글들이 많아질수록 성공하는 메신저가 될 수 있다. 수강생들이 작성한 수강후기 블로그 글을 보고 현재도 대기업 강의가 연결이 되고 있다.

Q6
시장을 꼭 좁게 설정해야 할까요?

시장은 좁히면 좁힐수록 넓어진다는 말이 있다. 다른 메신저들과 차별화를 갖기 위해서는 시장을 좁히는 것이 중요하다. 특정한 고객에게 맞는 지식상품을 만들어야 한다. 고객을 선정하기까지 많은 시간이 걸렸다. 처음에는 50~60대 스마트폰 활용을 어려워하는 분들을 대상으로 강의를 했고, 그 다음에는 부동산 공인중개사 분들을 대상으로 에버노트 강의를 했다. 지금은 나의 지식과 경험을 통해 수익을 내고 싶은 초보 메신저들을 돕는 일을 하고 있다. 고객에게서 출발을 해야 한다. 그들이 무엇을 필요로 하는지 거기에 맞춰 나의 지식 상품을 구성을 해야 한다.

Q7
나만의 콘텐츠를 찾는 것이 어려워요.

인생은 W라는 말이 있다. W모양처럼 우여곡절이 있는 것이 인생이다. 인생에서 가장 힘들었던 때는 언제인가? 어떤 노력들을 통해서 그 힘든 시간들을 극복했는가? 그것이 바로 자신만의 콘텐츠이다. 나는 고등학교 중퇴하고, 배달을 10년간 했다. 29살 때 배달이 늦게 왔다는 이유로 뺨을 맞았고, 책 읽다가 죽자는 마음으로, 책을 읽고, 메모를 해서 메신저가 되었다. 이것이 나의 콘텐츠이다. 이것은 나만 이야기할 수 있는 것이다. 온전히 나의 경험이기 때문이다. 나만이 이야기할 수 있는 나만의 경험은 어떤 것들이 있을까? 큰 성공의 경험이 없어도 괜찮다. 내가 알고 있는 지식과 경험을 통해서 타인을 도와주려는 사랑의 마음만 갖고 있다면, 메신저로 성공할 수 있다.

스킬을 가르치는 것은 누구나 할 수 있다. 예를 들어, 3P바인더 강의, 에버노트 강의는 누구나 배워서 할 수 있다. 스킬은 쉽게 배워서 다른 사람들에게 알려 줄 수 있다. 하지만, 3P바인더와 에버노트를 통해서 5년 만에 수익을 10배 만든 성과 이야기는 온전히 나의 이야기이다. 스킬을 가르치는 메신저가 아니라 가치를 전하는 메신저가 되는 것이 중요하다.

Q8
베스트셀러 책은 어떻게 쓸 수 있나요?

처음부터 베스트셀러 책을 쓰려고 하면 어깨에 힘이 들어간다. 책을 쓰기 전에 매일 글을 쓰는 습관을 갖는 것이 중요하다. 글을 쓰려면 책을 읽어야 한다. 시간을 확보하는 것이 우선이다. 책을 쓰고 싶은 사람은 많지만, 메신저들이 출간을 하지 못하는 이유는 매일 글을 쓰지 않기 때문이다. 매일 30분 독서를 하고, 책의 여백에 메모를 한다. 책의 여백에 떠오르는 생각들을 메모한다. 메모한 내용들을 보면서 짧은 글을 매일 써보도록 하자.

자신의 생각을 매일 조금씩 쓰다 보면, 그 그들이 모여서 한 권의 책이 된다. 이때 중요한 것은 자신이 쓴 글들을 SNS에 올리는 것이다. 나는 쓴 글을 오픈 카톡방, 블로그, 브런치, 페이스북 4군데에 올리고 있다. 정해진 시간에 글을 쓰는 것도 좋은 방법이다. 화이트보드 구글 타이머를 사용해서, 매일 30분 독서, 매일 30분 글쓰기를 하는 습관을 유지하고 있다.

책이라는 결과를 공유하는 것보다 책을 쓰는 과정을 공유하는 것이 중요하다. 한 달에 두 번은 교보문고에 간다. 서점에 진열된 책들을 보면서 나의 책이 출간된 상상을 한다. 서점에 책들을 볼 때마다. 빨리 책을 쓰고 싶은 마음이 절로 생기게 된다.

Q9
나만의 플랫폼은 어떻게 구축할 수 있을까요?

단 시간에 수익화 할 수 있는 최고의 플랫폼은 오픈채팅방이다. 10만 명 카페보다 1,000명 오픈채팅방이 더 효과가 좋다. 현재 나도 수익의 대부분이 오픈채팅방에서 생기고 있다. 오픈채팅방에 인원이 많아지면 혼자 운영하기에는 힘들 수 있다. 오픈채팅방에 부방장을 선정할 수 있는데, 부방장은 수강생 중에서 열심히 하는 사람에게 도움을 요청하는 것이 좋다. 오픈채팅방에서 중요한 것은 첫째, 공지이다. 공지부분에 중요한 안내 사항을 기록해 두고, 유용한 자료들을 업데이트 해서 남기는 것이다. 둘째, 줄 세우기이다. 오픈채팅방의 특성상 많은 카톡 내용들로 내용이 지나갈 수 있기에 줄 세우기를 통해서 사람들이 강의 신청을 하도록 독려할 수 있다. 군중의 심리를 이용하는 것이다. 맛집에 줄이 서듯이 강의를 신청하기 위해서는 구글 설문지와 채팅방에 성함을 이어서 남김으로써 줄을 서도록 하는 것이 중요하다.

Q10
메신저의 스트레스 관리 비법이 따로 있나요?

메신저 사업도 사람을 상대로 하는 일이다. 인간관계에 대한 스트레스를 받기도 하고, 미래에 대한 불안에서 오는 스트레스도 있다. 정규직 직장생활을 하는 것이 아니라. 개인으로 활동하다 보면, 미래에 대한 불안이 따라오기 마련이다.

내가 스트레스를 극복하는 방법은 다음과 같다.

첫 번째 방법은 독서다. 책을 읽다 보면, 나보다 더 힘든 상황에서

'이 저자는 이렇게 극복했구나.' 하면서 깨달음을 얻는다. 6분 이상 책을 읽으면 68%의 스트레스가 감소한다는 연구 결과도 있다. 스트레스의 원인은 나의 생각이라고 생각한다. 부정적인 생각을 할수록 스트레스가 쌓이게 된다. 스트레스 극복에 도움이 되었던 책은《카네기 행복론》책이다. 과거와 미래의 문을 닫으라는 이야기가 나온다. 스트레스를 많이 받았었는데, 과거에 대한 후회와 미래에 대한 불안을 멈추고, 지금 내가 하는 일에 집중하다 보니 스트레스가 많이 줄어들게 되었다.

둘째는 운동이다. 건강할 때 건강을 지키라는 말이 있듯이. 메신저에게 중요한 것이 건강관리이다. 규칙적인 운동을 통해서 체력을 기르는 것이 중요하다. 나는 주 2~3회 헬스 PT를 받으면서 운동하는 습관을 유지하려고 노력하고 있다.

셋째는 나만의 시간확보다. 일주일에 하루는 꼭 나만을 위한 시간을 확보한다. 메신저 사업을 하다 보면, 시간과 장소에 대한 경계 없이 일을 하는 장점도 있지만, 미리 쉬는 시간을 확보하지 않으면, 무리해서 일을 하는 결과를 초래할 수 있다. 메신저 사업은 단거리 달리기가 아니라. 마라톤이다. 반드시 나를 위한 쉬는 시간을 확보하는 것이 중요하다. 아프기 전에 쉬어야 한다.

Q11
메신저 사업을 시작하고 싶은데 수익이 나기까지 얼마나 시간이 필요할까요?

최소 1년의 시간이 필요하다. 초보 메신저들은 단시간에 수익화를 하려고 한다. 마음이 조급할수록 성과는 나지 않는다. 내가 어떤 사람인지 알리는 시간이 먼저 필요하다. 예를 들어서 길거리에서 모르는 사람에게 결혼하자고 하면 결혼을 할까? 서로 알아가는 시간이 필요하다. 메신저로 자리를 잡기 위해서는 잠재고객들과 신뢰를 형성하는 시간이 필요하다. 지속적으로 동일한 주제의 글과 영상, 음성 콘텐츠를 발행하면서 고객들에게 전문가로 인식되는 시간이 필요하다.

회사를 그만두고 메신저 사업을 시작하는 것은 말리고 싶다. 나는 처음 메신저 사업을 시작할 때 평일에는 배달을 하고, 저녁과 주말 시간을 활용해서 메신저 사업을 준비했다. 책을 읽고, 강의를 듣고, 작은 소모임을 운영하면서 메신저 사업을 준비했다. 그렇게 3년이란 시간을 준비를 했다. 메신저 사업으로 한 달에 200만 원 정도의 고정수입이 생겼을 때 배달 일을 그만두고 전적으로 메신저 사업에 뛰어들었다.

처음부터 회사를 그만두고 메신저 사업을 시작하면 조급해진다. 당장의 수익을 만들어내야 하니까. 정보성 콘텐츠 발행보다는 광고를 많이 하게 된다. SNS를 운영할 때는 정보를 80% 주고, 광고를 20%

하는 것이 좋다. 정보 없이 광고만 매일 하면 사람들이 모이지 않는다. 사람들이 그 광고 보고 오면 다행인데, 누군지도 모르는 사람의 강의를 시간과 비용을 지불하면서 들을 사람이 많을까? 강의 신청자가 적으니까 광고를 더 많이 하게 되고, 성급해지고 초조해지고, 불안해진다. 내가 알고 있는 지식과 경험을 통해서 사람들을 도우려는 마음이 먼저 필요하다. 도움이 되는 정보를 지속해서 발행하면 수익은 자연스럽게 따라오게 된다. 메신저 사업은 마라톤이다.

Q12
나만의 플랫폼에 사람들을 어떻게 모을 수 있을까요?

플랫폼 중에 제일 중요한 게 온라인에서는 오픈채팅방, 오프라인에서는 독서모임이다. 나의 SNS 공간에 잠재고객들을 모아야 한다. 네이버 블로그, 페이스북, 인스타 등에서 카카오톡 오픈채팅방으로 사람들을 모은다. 채팅방에 모인 사람들에게 지속적으로 유용한 정보를 제공한다.

첫째, 무료 소책자, 무료 강의 등을 통해서 잠재고객을 모은다.

둘째, 유료 강의 및 컨설팅을 진행한다.

현재 내가 운영하는 메신저를 위한 공부방 오픈채팅방 1번방에 1,300명. 2번방에 1,300명의 회원이 있다. 오픈채팅방은 오픈채팅방으로 키운다. 홍보가 가능한 오픈채팅방에서 유용한 자료를 제공한다는 글을 쓰고, 나의 오픈채팅방 링크를 통해서 사람들을 유입시킨다. 채팅방에 참여한 사람들에게 지속적으로 나를 알려야 한다. 신뢰를 쌓는 것이 먼저이다. 무료 특강과 무료 전화 코칭, 무료 1:1, 1시간 오프라인 코칭 등을 통해서 신뢰를 쌓는다.

한 사람의 뒤에는 250명이 있다. 한 사람의 마음을 사면 그 사람이 나의 홍보대사가 된다. 나는 한 사람에게 1시간을 투자했을 뿐이지만, 한 시간 코칭을 통해서 사람의 마음을 사면, 그 사람이 나의 메시지를 대신 전하는 홍보대사가 되어준다.

Q13
직장 생활을 하면서도 메신저 사업을 시작할 수 있을까요?

첫째, 직장에서 업무 성과를 내는 경험이 먼저 필요하다. 물론 일을 더 열심히 한다고 해서 급여를 더 주지 않을 수도 있다. 하지만, 성과를 내는 과정 속에서 배우는 부분이 분명히 있다.

둘째, 시간을 관리해야 한다. 시간을 관리하기 위해서는 3P바인더를 쓰는 것을 추천한다. 보이지 않는 시간을 관리하기 위해서는 측정 가능하게 시간을 기록해야 한다. 나는 3P바인더를 2011년부터 사용했다. 주간 스케줄 표를 매일 작성하면서 현재 내가 시간을 어떻게 쓰고 있는지 분석했다. 업무 시간 외에 실제적으로 내가 자유롭게 쓸 수 있는 시간은 얼마나 되는지를 파악해야 한다.

셋째, 배움에 시간과 돈을 투자해야 한다. 미래의 메신저 사업을 구상하면서 관련 책을 읽고, 강의를 들어야 한다. 나는 출근 전, 퇴근 이후에는 항상 책을 읽었다. 주말마다 강의를 찾아다녔다. 현실의 삶에서 벗어나기 위해서 간절히 노력했다. 평생 배달만 하면서 살고 싶지 않았기 때문이다. 지금과는 다른 삶을 살고 싶었다. 다른 삶을 살고 싶다면, 어제 하지 않았던 다른 행동을 해야만 한다.

넷째, 강사를 꿈꾸며 강의관련 서적 100권 읽는 것부터 시작했다. 세일즈 강의를 하고 싶다면, 세일즈 분야 책을 100권 읽는 것부터 시작해보자. 매일 1시간씩 책을 읽으면, 일주일에 1-2권의 책을 읽을 수 있다. 1년에 50권의 책을 읽을 수 있다. 1주일에 2권씩 읽는다면 1년 만에 100권을 읽을 수 있다. 한 분야의 책을 100권을 읽으면 전문가가 된다고, 브라이언 트레이시는 이야기 한다. 내가 되고 싶은 모습을 상상하고, 그 분야와 관련한 책을 읽는 것부터 시작하자. 독서에 길이 있다.

다섯째, 책에서 배운 내용들을 정리해서 강의 PPT를 만들어 보자. 강의를 하고 싶었지만, 나를 찾아주는 사람은 아무도 없었다. 지금의 상황에서 내가 할 수 있는 것에 집중했다. 강의 PPT를 만들고 SNS에 글을 썼다. 처음에는 습관에 대한 책을 읽고, 강의 PPT를 만들었다. SNS에 책을 읽고 정리한 내용들을 꾸준히 올리기 시작했다. 한 명, 두

명, 그리고 100명, 200명. 내가 할 수 있는 것에 집중하다 보니 자연스럽게 사람들이 모여들게 되었다.

직장생활이 힘들고 어려울수록 더욱 간절하게 메신저의 삶을 꿈꾸며 치열한 삶을 살아야 한다. 현재 삶이 편안하다면 내리막으로 가고 있는 길일 수 있다. 가만히 있는 자에게 기회가 주어지는 것이 아니다. 준비된 자에게 기회는 반드시 찾아오게 되어 있다.

Q14
어떤 것부터 시작해야 할지 모르겠어요.

무조건 블로그부터 시작하자. 작은 아웃풋을 하는 것이 중요하다. 블로그에 글을 쓸 때 오랜 시간 동안 작성하지 말고, 30분 정도 시간을 설정해두고, 완벽하지 않아도 일단 업로드 하자. 일단 시작하고, 그다음에 수정을 한다. 완벽하게 글을 쓰고 업로드를 하려다 보니 미뤄지고, 글을 쓰는 것이 부담이 되는 것이다.

처음에는 나의 블로그에 사람들이 없기에, 대형 커뮤니티를 형성하고 있는 카페에 정보성 글을 써서 나의 존재를 알리는 것이 중요하다.

예를 들면, 키워드가 '커리어 메신저'라는 닉네임으로 활동을 한다고 하면, 카페에 지속적으로 정보성 글을 올리면 사람들이 네이버 검색창에 '커리어 메신저'를 검색할 것이다. 나의 고객이 모인 공간이 어디인지 계속 찾아보자. 그 공간에서 나를 지속적으로 알리기 위해 콘텐츠를 작성하자.

Q15
메신저 준비를 위한 3년의 시간을 어떻게 보내면 될까요?

사람들은 내가 회사를 그만두면 메신저 사업을 시작해야지 하는데, 그러면 늦는다. 매달 받던 월급이 끊기면 마음이 조급해진다. 그러다 보니 조금 메신저 사업을 시작해보려고 하다가 다시 안정적인 회사를 찾아 다시 들어가기도 한다.

나는 평일에는 배달을 하고 출근 전, 퇴근 이후에 계속 독서를 했다. 주말마다 강의를 찾아다니며 배우고, 나만의 강의를 만들기 시작했다. 매주 일요일 저녁에는 독서모임을 운영했다. 사람의 수에 연연하지 않았다. 당장의 열매보다는 씨를 뿌리는 일에 집중했다.

강의를 위해서 10인실 강의장을 대여했는데, 1명만 온 적도 있었다. 그래도 계속 했다. 세상에 나를 알리기 위해서 매주 강의를 열었다.

나의 롤모델 김형환 교수는 세미나를 하면 100명이 넘는 인원이 참석한다. 처음부터 그랬을까? 한 명이 오든 두 명이 오든 그 자리를 계속 지키니까 큰 나무가 되었다. '오늘만 하자. 오늘이 마지막 날이다.'라는 마음으로 10년이 넘게 세미나를 해오셨다고 한다. 때로는 너무 장기적으로 바라보지 않는 것도 필요하다. 오늘 하루만 최선을 다해서 해보자. 그렇게 하루하루 살아가는 것이다.

Q16
모객이 되지 않을 때 비참함을 어떻게 극복하셨나요?

나는 항상 모집에 대한 목표를 먼저 세우고 시작한다. 목표와 대비해서 현재 몇 명이 모집이 되었는지? 그리고 그 목표가 미달한 원인은 무엇인지? 스스로 피드백을 하는 것이다. 그리고 무엇을 개선해야할지 찾아본다. 이번에 아무도 강의 신청을 안 했다면, 그럼 다음에는 무엇을 개선해볼까? 모집 홍보 글에 대한 문구도 바꿔보고, 포스터도 바꿔본다.

모집이 안 되면, '어? 안 되네?' 하고 실패 속에서 배운다. 계속하다 보니 모집이 나에게는 하나의 놀이가 되었다. 나 또한 모집에 대한 고민을 제일 많이 하고 있다. 많은 메신저들의 고민이 신규 수강생 모집일 거라고 생각한다.

혼자 강의 할 때보다, 외부 강사를 초빙했을 때, 모집에 대한 스트레스를 더 받는 것이 사실이다. 모집의 실패를 통해서 사람들이 어떤 것을 원하는지 조금씩 찾아가게 된다. 대기업인 구글도 프로젝트의 성공확률이 높지 않다고 책에서 봤다. 실패를 많이 하다 보니 하나, 두

개의 성공경험을 얻는 것이다. 모집이 되지 않아 비참함을 느끼는 것은 나의 자존심이 문제일 수도 있다. 내가 이만큼 준비했는데 사람들이 나를 안 알아줘? 혼자 고민하지 말고, 현장에서 답을 찾아야 한다.

제일 좋은 방법은 수강생들을 1:1로 많이 만나보는 것이다. 2020년 2월부터 매일 점심시간에 1:1코칭을 진행했다. 사람들의 고민, 관심, 어떤 것들을 원하는지를 듣고, 그 중에서 내가 도와줄 수 있는 것이 무엇인지를 찾아나갔다. 항상 현장에 답이 있다. 현장에서 답을 찾고, 고객들의 음성에 귀 기울이면 거기에 답이 있다고 생각한다.

Q17
추천강의 딱 3개만 말씀해주세요.

1. 김형환 교수 1인 기업과정
2. 박현근 코치의 메신저 평생멤버십 과정
3. 3P바인더 프로과정

메신저에게 가장 중요한 것은 자기관리이다. 자기관리가 안 되면 무너진다. 혼자서 많은 일들을 처리해야 하는 메신저에게 목표관리와 시간관리는 선택이 아닌 필수이다. 일상에서 벗어나지 않아야 한다. 나만의 루틴을 만드는 것이 좋다. 성공한 사람들의 공통점은 자신만의 자기관리 비법이 있다는 것이다. 내가 추천하는 방법은 아침에 눈을 뜨면 일단 집 밖으로 나가는 것이다. 카페를 가든 산을 가든 아침에 무조건 집에서 나와야 한다. 집에 있으면 눕고 싶고 자고 싶고 게을러지기 십상이다.

나는 자기관리를 위해서 3P바인더라는 도구를 사용하고 있다. 매일 하루의 목표를 쓰고, 그 목표를 이루기 위한 할 일을 작성한다. 할 일을 위한 시간을 배분한다. 목표가 달성이 되었는지? 달성이 되지 않았는지? 매일 나만의 목표를 점검한다.

Q18
늦게 메신저 사업을 시작해서 조급한 마음이 생길 때 어떻게 하나요?

조급한 마음이 생기는 본질은 무엇일까? 내 생각에는 옆 사람과의 비교 때문이라고 생각한다. 꽃 마다 피는 시기가 있다. 나만의 속도로 한 걸음씩 나아가는 것이 중요하다. 타인과 경쟁하지 않고 어제의 나보다 한걸음 나아가는 것이 중요하다.

메신저 사업은 마라톤이다. 장기전으로 생각해야 한다. 조급한 마음을 가지면 오랫동안 사업을 하기 힘들다. 금방 지치기 때문이다. 공지를 올렸는데도, 모집이 잘 안되기도 하고, 막상 강의를 했는데도 후기도 작성하는 사람이 많지 않을 때는 스스로 실망도 하고, 자책도 했다.

나를 사랑하는 것. 나를 좋아하는 것이 먼저라는 것을 배웠다. 긍정문이 많은 도움이 되었다.

나는 나를 사랑한다.
나는 나를 좋아한다.
나는 날마다 모든 면에서 점점 더 좋아지고 있다.
나는 남과 비교하지 않고 어제의 나보다 성장했다.
나는 부자로 태어났다.
나는 세계 최고의 메신저다.

옆 사람을 보면 저 사람은 저렇게 하고 있는데, 나는 저것보다 더 못하는데, 내가 그렇게 부족한가? 그렇게 계속 비교하다 보니 우울해진다. 비교하지 말고, 나를 먼저 사랑하자. 나는 나를 위해 매일 아침 긍정문 외치기를 반복한다.

그리고 '자극의 유지'를 위해서 환경 속으로 계속 들어간다. 3P프로 과정을 10번 이상 수강하고, 1인 기업 수업을 4번 이상 반복해서 들었다. 계속 반복해서 수강하며 자극을 유지하는 것이다. 반복! 반복! 책을 읽을 때도 반복해서 책을 읽는다. 어제보다 한걸음 더 나아가기 위해서 멈추지 않고, 매일의 성장 1%을 위해서 나아가는 것이다. 타인과의 비교는 금물이다.

Q19

어떻게 책을 2,000권이나 읽으셨나요?

좋은 책은 반복해서 읽는다. 50번 이상 반복해서 읽은 책은 《성과를 지배하는 바인더의 힘》책이다. 《백만장자 메신저》, 《펑크펭귄》 책은 20번 이상 읽었다. 책을 읽을 때는 무조건 제일 앞에서 끝까지 읽지 않는다. 목차를 먼저 보고 필요한 것 위주로 발췌독을 한다. 사전을 보듯 필요한 부분을 찾아서 읽는다. 책을 읽다가 좋은 부분은 강의 교재에 인용을 하고, 상담을 할 때 책을 찾아 보여준다.

책은 무한한 지식의 보물창고라고 생각한다. 성공한 사람들의 생각을 책을 통해 읽는다. 성공한 사람들의 생각, 경험, 지식을 책을 통해 배우고, 딱 한 가지라도 따라 실천한다. 지금의 조건에서 내가 실행할 수 있는 단, 한 가지를 찾아 실행한다. 원북 원액션(One Book One Action)을 한다.

Q20

본깨적 방식으로 책을 읽으면 시간이 오래 걸리지 않나요?

앞에서도 이야기 했듯이 책 전체를 읽는 것보다 중요한 것은 책을 읽고 단 한 가지를 실행하는 것이다. 본깨적(본 것, 깨달은 것, 적용할 것)

중에서도 가장 중요한 것은 적이다. '적적또'라고 이야기 하고 싶다. 적용하고, 적용하고, 또 적용을 해야 한다. 적용할 것 딱 한 가지만 뽑아 삶 가운데 실천해야 나의 삶이 달라진다. 책을 많이 읽는다고 나의 삶이 달라지는 것이 아니다.

내 삶을 변하시키기 위해 책을 읽는 것이다. 나 스스로가 부족하기 때문에 책을 통해 배우고 성장하기 위해 노력하고 있다. 또한, 배워서 타인을 돕기 위해 책을 읽는다. 업무 현장에서도 개선할 부분을 찾기 위해 본깨적을 할 수 있다. 매일 개선할 점을 찾고, 하나씩 개선해 나가는 것이다. 완벽하게 시작하는 것이 아니라. 일단 시작하고 개선해 나가는 것이다.

Q21
읽고 싶은 책이 많은데 시간이 부족할 땐 어떻게 하나요?

메신저가 되기 위해서는 전략독서를 하는 것이 중요하다. 나만의 콘텐츠를 만들기 위해서 한 분야의 책을 100권 읽는 것이다. 우선 10권을 읽는 것으로 시작하자. 예를 들어, 독서법 강사가 되고 싶다면, 독서법과 관련한 책을 10권 읽어보는 것이다. 같은 주제의 책을 10권 이상 읽다보면, 모든 책들에서 이야기하는 공통된 부분들이 나오게 된다. 그 부분이 그 분야의 중요한 부분이다. 또 책을 읽으며 떠오르는 나의 생각들을 책의 여백에 메모하며 책을 읽고, 아이디어, 실행할 것들을 끊임없이 메모하며 책을 읽어야 한다. 책을 읽는 것이 목적이 아니라. 책을 통해서 나만의 콘텐츠를 만들어야 한다.

독서할 수 있는 환경을 만들자. 내가 추천하는 방법은 독서모임을 운영하는 것이다. 독서모임을 통해서 가장 성장하는 사람은 독서모임 리더이다. 리더가 되면 책을 읽는 방식이 달라진다. 책을 읽게 된다. 리더가 되면, 가장 많이 배우게 된다. 독서모임에서 좋은 책을 함께 읽고 나누면서 서로에게 배우게 된다.

책은 빌리지 않는다. 책 사는 데 돈을 아끼지 않는다. 책 사는 돈을 아껴 부자 되었다는 사람을 본 적이 없다. 책의 여백에 메모를 하고, 접기도 하며 독서한다. 그래서 나는 무조건 책은 사서 읽는다. 책의 문장을 계속 내 문장으로 바꿔보는 연습을 하며 책을 읽는다. 비로소 책이 진짜 내 책이 되어 간다. 책을 중심으로 강의를 하면 콘텐츠에 대한 고민이 줄어든다. 책을 읽을 때마다 새로운 콘텐츠를 만들어 낼 수 있기 때문이다.

메신저 사업을 처음 시작했던 2012년으로 돌아간다고 하면 나는 지금도 독서모임부터 만들 것이라고 분명히 이야기할 수 있다. 힘들었지만 가장 나 자신을 성장하게 도와준 것이 독서모임이기 때문이다. 주중에 배웠던 강의, 읽었던 책에서 얻은 깨달음과 지식들을 독서모임 회원들에게 나눠주었다. 어미새의 마음으로 좋은 것이 있으면 우리 독서모임 회원들에게 알려줄 생각에 기뻤다. 그래서 다른 어떤 강의보다도 나는 독서모임을 중요시 했다. 독서모임을 통해 스피치 실력도 마케팅 실력도 대인관계능력도 좋아졌다.

좋은 책을 읽고 내 스토리, 나의 사례를 첨부했다. 같은 책을 읽어도 읽는 사람마다 느끼는 바는 모두 다르다. 책을 통해서 내가 얻은 인사이트를 사람들에게 나누다보니 나는 성공한 메신저가 되었다. 독서모임을 처음에는 한 명으로 시작했지만, 많을 때는 100명 이상 참석하는 모임이 되었다.

유료 독서모임으로 운영을 해야 지속할 수 있다. 무료로 하면 운영자도 지치고, 참석하는 사람도 중요성을 느끼지 못한다. 회당 1만 원~3만 원대로 가격을 선정하는 것이 좋다. 내가 현재 매주 일요일 저녁 운영하는 비밀 독서모임은 3만 원을 받고 있다. 2020년에는 매주 다른 책으로 6개월가량을 진행했고, 2021년부터는 좋은 책 한 권을 4주에서 8주에 걸쳐서 읽으며 나만의 인사이트를 나눠주는 모임으로 운영하고 있다. 한 시간은 책에서 깨달은 인사이트로 강의하고, 20분은 줌에 4~6명씩 나눔을 한다(줌 소회의실 기능).

그리고 30분 동안 각자의 블로그에 깨달음을 쓰는 시간을 갖는다. 모두가 작가처럼 멋진 글을 써낸다. 말은 지나가지만 글은 남아 다른 사람을 돕는다. 난 인풋보다 중요한 것이 아웃풋이라고 생각한다. 매주 일요일 저녁 우리 독서모임 회원들은 같이 모여 아웃풋 훈련을 하고 있다.

같은 책을 읽어도, 서로의 살아온 삶이 다르기 때문에 느끼는 바가 모두 다르다. 순간 떠오른 기억의 조각들을 잡아 글로 쓴다. 그것이 모아지면 책이 된다. 매일 글을 쓰면 책이 된다. 작가가 되고 싶지만, 글을 쓰지 않는 메신저들을 봤다. 글을 쓰면 책이 된다. 그러기 위해서는 글 쓰는 환경을 만드는 것이 중요하다. 매일 글을 쓰면 책이 된다. 나의 글로 사람들을 돕자.

Q22
콘텐츠를 정하고 메신저 사업을 시작해야 하나요?

처음부터 나만의 콘텐츠를 정하고 메신저 사업을 시작하면 베스트지만, 처음부터 콘텐츠를 찾는 것은 쉽지 않다. 나만의 콘텐츠를 찾기 위해서 아래의 방법을 참고해보자.

첫째, 내가 평소에 관심 있어 하는 것.
둘째, 사람들이 나에게 자주 물어보는 것.

2011년 지인의 추천으로 습관교육센터라는 곳에서 '습관' 교육을 들었다, 교육의 내용도 좋았지만, 밝게 웃으며 강의를 이끌어 가시는 강사님의 모습에 반했다. 일방적인 교육이 아니라. 나눔과 질문으로 수업이 진행되었다.

강사가 꿈인 나를 위해 습관 강의 자료 사용을 허락해주셨다. '해빗

코칭센터'란 명함 한 장을 만들었다. 평일에는 본업인 배달을 하고, 주말에는 작은 스터디 룸을 빌려서 강의를 했다. 전문강사가 아니다 보니, 사람들에게 돈을 받는 것이 미안했다. 장소대여비 오천 원을 받고 건대입구역에 작은 스터디 룸을 빌려서 처음 강의를 시작했다.

실습교재라고 해야 A4용지 한 장이 전부였다. 그리고 피피티 20장. 이렇게 아주 작게 강의를 시작했다.

"새롭게 만들고 싶은 좋은 습관을 적어보세요"

"버리고 싶은 나쁜 습관들을 적어 보세요"

"21일 습관을 만들었을 때, 어떤 보상을 얻고 싶으세요?"

배운 것을 토대로 흉내 내며 강의를 시작했다. 사람의 수에 연연하지 않고 매주 모임을 만들어서 진행했다. 아무도 오지 않는 날에는 혼자 강의 연습을 했다. 나는 따라쟁이이다. 모방을 잘한다. 좋은 것을 보면 그대로 따라 하려고 노력한다. 그리고 그 배운 것을 뛰어넘으려고 한다.

습관이란 주제는 너무 포괄적이었다. 그래서 모집하는 것이 갈수록 힘들어졌다. 더 구체적으로 콘텐츠를 정해야 하는 필요성을 느끼게 되었다. 조금 더 구체적인 습관 주제로 강의를 시작했다. '메모습관' 강의를 열었다. 나는 기록하는 것을 좋아한다. 나의 취미가 직업이 된 것이다. 끊임없이 노트에 메모하고, 옷소매에도, 벽에도, 손등에도 메모를 한다. 떠오르는 좋은 생각 아이디어들을 끊임없이 기록한다.

처음에는 달력이나, 수첩, 프랭클린 플래너 등에 기록을 했고, 2011년 스마트폰이 나오면서부터 메모 앱을 활용해서 기록했다. 에버노트 앱을 만나고 신세계를 발견했다. 에버노트에 대한 모든 책을 읽고, 모든 강의들을 찾아 들었다. 디지털 기록과 아날로그 기록에는 장단점이 있다. 디지로그 기록관리 습관 만들기 주제로 강의하기 시작했다. 처음에 습관 만들기 특강을 할 때보다 훨씬 반응이 좋았다. 시장을 세분화하는 것의 중요성을 깨닫게 되었다.

항상 새로운 것을 배우는데 시간과 돈을 아끼지 않았다. 투자를 해야만 결과를 얻을 수 있다. 첫째, 시간을 투자해야 한다. 둘째, 돈을 투자해야 한다. 배우는데 6천만 원 이상을 투자했다. 책도 2,000권 이상을 사서 읽었다. 지금도 계속 배움에 돈과 시간을 아끼지 않고 있다. 고인물이 되지 않기 위함이다. 끊임없이 변화하는 세계 속에서 배움을 멈추는 것은 성장을 멈추는 것이다. 나는 처음 시작하는 메신저들을 돕고 싶다. 그들의 시간과 비용을 절약해주고 싶다. 그래서 좋은 강의들을 추천하고, 좋은 만남을 연결하고 있다.

브랜든 버처드의 《백만장자 메신저》 책이 나에게 많은 영감을 주었다. 처음에는 내가 하고 있는 일들이 메신저 사업인줄 몰랐다. 책을 읽으며, 내가 막연하게 해오던 일들이 하나씩 체계적으로 자리 잡아가게 되었다.

나는 대한민국의 메신저라는 콘셉트로 다시 포지셔닝하고, 지금은 메신저를 양성하는 메신저로 활동을 하고 있다. 누구나 메신저가 될 수 있다. 나의 지식과 경험은 가치가 있다. 나의 암묵지를 형식지로 바꾸면 콘텐츠가 되고, 나의 말과 글은 누군가에게는 반드시 도움이 된다. 많은 사람에게 영향을 미치는 것보다 단, 한 사람을 위해서. 메신저 사업을 한다. 한 사람이 천하보다 귀하다고 하지 않았던가.

꿈도 목표도 없이 10년 동안 배달과 청소만 하면서 방황했던 박현근도 메신저가 되었다. 이 책을 읽는 당신도 메신저가 될 수 있다. 나보다 더 빨리 성공할 수 있다. 지금 결단하자. 나의 지식과 경험을 통해 수익을 내는 메신저가 되겠다고. 메신저가 되면 물질적인 만족과 인정받는 삶을 살 수 있다.

Q23
어떤 것이 사람들이 좋아하는 콘텐츠일까요?

나의 콘텐츠에 대한 확신이 없는 이유는 실제 현장에서 프로그램을 돌려 보지 않았기 때문이다. 생각으로만 있을 때는 희미하다. 프로토타입으로 현장에서 돌려봐야 한다. 시행착오를 줄이면서도 빠르게 결과를 얻을 수 있는 방법이 있다. 1로 시작하는 것이다. 1:1로 시작하고, 1만 원으로 시작한다. 처음에는 무료로 10명을 교육하고, 그 다음에 만 원을 받으며 해보는 것도 좋다. 그 다음에 3만 원, 5만 원, 10만 원 가격을 높여가는 것이다. 콘텐츠의 완성도가 높아질수록 수강생들의 만족도도 높아지고, 성과사례도 나오게 된다. 그때는 가격을 인상해도 되는 타이밍이다.

첫 강의를 1:1로 시작했다. 교육 이전과 이후에 변화들을 남기고, 후기들을 남겼다. 후기가 쌓일수록 수강생 모집은 수월하게 된다.

메신저는 크게 3가지로 나뉜다. 성과기반 메신저, 연구기반 메신저, 롤 모델형 메신저 이중에서도 성과기반 메신저가 되기 위해서는 2가지 성과가 있어야 한다. 첫 번째는, 나의 성과이다. 얼마나 성과를 내본 경험이 있는가이다. 아주 작은 성과의 경험도 괜찮다. 두 번째는, 나의 수강생의 성과이다. 성과를 내본 사람은 성과를 낼 수 있게 도와줄 수 있다. 성과를 냈다는 것은 다른 말로 하면 먼저 실패해봤다는 것이다. 실패를 많이 할수록 성공과 가까워진다. 브라이언 트레이시도 성공하고 싶다면, 실패의 속도를 2배로 하라는 이야기를 했다. 실패의 리스크를 줄이면서도 현장 경험을 쌓는 방법은 1로 시작하는 것이다.

Q24
왜 무료코칭을 시작하게 되었나요?

2020년 2월 코로나가 확산되면서 강의 모집을 할 수 없었다. 뒤숭

숭한 분위기 속에서 강의 공지를 올리는 것도 눈치가 보였다. 금방 끝날 것 같던 코로나는 끝날 기미가 보이지 않았다.

나의 멘토 김형환 교수님이 항상 해주시는 말씀이다.

"1:1로 사람들을 많이 만나봐야 한다."

"관계는 1:1로 만들어진다."

"독서모임을 확장시키려면 한 사람과 식사를 4번 이상해라."

몇 년 전부터 1:1코칭의 중요성을 이야기 해주셨지만, 솔직히 1:1로 만나는 것에 대한 부담이 컸다. 나의 수강생들은 나보다 나이가 많은 경우들이 대부분이다. 나보다 연세가 많은 분들에게 코칭을 해드린다는 사실 자체가 부끄럽기도 하고, 삶에 경험이 나보다 많은 분에게 코칭을 한다는 사실이 미안하기도 했다.

하지만, 내가 할 수 있는 것으로 사람들을 돕고 싶은 마음이 있어 시작하게 되었다. 또, 내가 살고 싶어서 시작했다. 코로나로 모임을 못하는 지금의 상황에서. 지금의 조건에서 내가 할 수 있는 것은 뭐지? 내가 도울 수 있는 사람들은 누구이지? 계속 고민했다. 그래서 시작한 게 무료 1:1 코칭이다.

난 힘든 일이 있을 때마다 동그라미 두 개를 그려놓고, 가운데 원에는 내가 지금의 조건에서 할 수 있는 일, 나 스스로 통제가 가능한 일들을 적기 시작한다. 그리고 우선순위를 정해서 시작한다. 코로나로 모든 것이 멈춘 나의 일상 속에서 지금 내가 할 수 있는 것들을 적기 시작했다, 독서와 영어공부, 그리고 코칭이었다. 그리고 말을 바꾸고 생각을 바꾸었다. "땡큐 코로나!"라고 외쳤다. 이것이 나에게 주신 기회라고 생각했다. 밖에 원에는 지금의 상황에서 내가 할 수 없는 것들을 적는다. 외부 환경은 내가 바꿀 수 없다. 환경에 끌려 다니지 않고, 내가 환경을 뛰어 넘는 방법은 내가 통제할 수 있는 것에 집중하는 것이다.

무료 1:1 코칭 공지를 올리자 신청자가 50명을 넘었다. 동시에 너무 많은 인원들이 신청을 해서, 일정을 조율하는 것도 힘이 들었다. 우연히 인스타 라이브 방송을 보다, 김미경 강사가 책 5권 구매한 사람들에게만 진행하는 특별 이벤트가 있다는 내용을 보았다.

거기서 아이디어를 얻었다. 나를 만나러 오면서 내가 누군지, 전혀 정보도 없이 준비도 없이 오시는 분들이 많았다. 한 시간 내내 눈물만 흘리다가 가신 분도 계셨다. 그의 삶이 얼마나 힘들었을지 이해도 되지만, 내가 도움을 많이 드릴 수 없어 안타까운 마음이 들기도 했다. 내 책을 읽고 오시면 도움이 되겠다고 생각했다. 나의 첫 번째 책인 《고교 중퇴 배달부 연봉 1억 메신저 되다》 책을 5권 사서 오시면 사인을 해드리기로 했다. 그리고 코칭 전에는 코칭 받고 싶은 내용에 대한 질문을 먼저 받았다.

부동산 투자에 대한 질문을 하거나, 전혀 내가 도움을 드릴 수 없는 부분에 대한 질문을 보내는 분들에게는 전문가 분을 소개해드리기도 하고, 정중히 코칭을 거절하기도 했다.

나의 책을 읽고 오시니 책에 있는 이야기는 굳이 할 필요가 없어 코칭 시간을 단축시킬 수 있었다. 참여자들의 태도도 달라졌다. A4용지로 빽빽하게 자신의 소개와 질문을 준비해 오시는 분도 있었고, 자신의 이력서를 정리해서 가져오시는 분도 있었다. 도움을 드리고 싶어도 준비가 전혀 되지 않는 분들에게는 도움을 드릴 수가 없었다. 준비가 되어 있는 분들은 어떤 이야기를 드려도 실행을 했고, 빠르게 결과로 나타났다. 1:1코칭은 강력하다. 내가 살고 싶어서 시작한 무료코칭이었지만, 가장 많은 수혜를 입은 사람은 나 자신이었다. 코칭을 통해 성과 나는 분들이 많아지자 나의 자존감은 올라가고, 나는 가치 있는 존재라는 생각에 감사했다.

Q25
배워서 남 주자 마인드는 어떻게 갖게 되었나요?

나의 교육사업 분야 멘토 강규형 대표의 독서포럼 나비 독서모임에 가면 항상 구호를 외친다.

"공부해서 남을 주자!"

배운 대로 실천하는 것이다. 학습이 된 것이다. 배우고 익히면 못할 것이 없다. 누구든지 배움을 통해 성과를 낼 수 있다. 타인을 도우려는 선한 마음으로 선한영향력을 미치면 성과는 따라오게 된다. 피터 드러커도 이야기한다. 성과를 올리는 것은 습득될 수 있다.

난 인복이 많다. 좋은 분들과의 만남을 통해 좋은 영향을 받을 수 있었다. 우리나라 최고 메신저인 김형환 교수, 강규형 대표, 송수형 대표. 이은대 대표. 좋은 분들과의 만남을 통해서 배우고, 그것을 나의 습관으로 만들어가고 있다. 그리고 이제는 내가 겪은 시행착오를 후발주자로 메신저 사업을 시작하는 초보 메신저들이 시행착오를 하지 않도록 돕고 싶다. 그래서 나는 배워서 남 주는 마음으로 메신저 사업을 하고 있다.

Q26
핵심 가치는 무엇인가요?

나의 핵심 가치는 열정, 나눔, 배움. 이렇게 3가지다. 《성과를 지배하는 바인더의 힘》 책에서는 "열정은 목소리 큰 것이 열정이 아니라, 지치지 않는 게 열정이다."라고 나온다. 곧 지속하는 것이 진짜 열정이다. 지속하는 것이 습관이다. 루틴이다. 좋은 습관은 성공을 부른다.

목소리가 크고, 끓는 열정으로 태산을 옮길 것처럼 말하는 사람들은 메신저 사업을 오래하지 못했다. 오히려 조용한 사람이 오래 메신저 사업을 성공적으로 이끌어나갔다. 묵묵히 자신의 일을 하나씩 이뤄가는 사람이 오래 가는 것이라는 것을 깨달았다. 메신저 사업은 마라톤이다. 빠르게 성공하려고 할수록 빠르게 지친다. 자신의 노력에 비해 조금만 성과가 나지 않으면 금방 지쳐서 시들시들해진다. 그러니 힘을 빼야 한다. 무자본 창업 분야의 전문가 신태순 대표도 힘을 빼는 것에 대한 중요성에 대해 이야기 한다. 〈《게으르지만 콘텐츠로 돈은 잘 벌니다》 참고〉

블로그 포스팅 하나 하는데 두 시간, 세 시간 걸린다면 지치게 된다. 너무 잘 하고 싶은 마음이 크기 때문에 사람들의 시선을 의식한다. 남들에게 잘 보이려는 마음이 먼저 앞서니, 어깨에 힘이 들어간다. 내가 가진 만큼만 나눠줄 수 있다. 내가 아는 만큼만 가르칠 수 있다. 나의 마음의 크기만큼만 메신저 사업을 할 수 있다. 힘이 들어가면 지친다. 아주 작게 아웃풋 하는 습관이 성공습관이라고 생각한다. 그것이 지치지 않는 열정이다. 유튜브 영상 편집하는 데에 몇 시간 걸리니까 한번 올리고 다시 영상을 올리기 힘든 것이다. 영상 1분짜리 편집하는 데에 1시간 걸린다. 그러니 지속을 못한다. 이제 어깨에 힘을 빼고, 아주 작은 습관부터 지속해야 한다. 그것이 진짜 열정이다.

Q27

많은 카톡방들을 어떻게 다 관리하세요?

방장봇 기능과 랜드봇 기능을 이용한다. 자동화 시스템을 갖춰가고 있다. 처음에는 자동화에 대한 편입견이 있었다. 나의 고객들과 한 사람 한 사람 이야기하는 것이 더 중요하다고 생각되었다. 하지만, 항상 999표시가 떠 있는 카톡방들을 찾아다니며 이야기를 많이 하다 보니 많은 시간을 빼앗기게 되었다. 그래서 시간을 정해놓고, 카톡을 하는 습관을 만들려고 노력하고 있다.

오픈채팅방의 기본 설정인 방장봇 기능과 카톡 공지 기능을 200% 활용하고 있다. 중요한 전달사항은 공지를 통해서 알린다. 취합해야 할 미션은 랜드봇을 통해 수강생들이 작성한 과제 체크리스트가 하나의 표에 정리가 되게 만든다. 구글 설문지도 도움이 되었다. 처음에는 일일이 정보를 받았지만, 지금은 구글 설문지에 수강생들이 입력을 하면, 자동으로 이름, 연락처, 이메일 3가지가 취합이 되고, 온라인 강의 시 진행하는 줌 링크를 보낼 때는 이메일을 이용하고, 중요 강의 소식을 알릴 때는 문자를 이용한다.

혼자가 어렵다면 채팅방 부운영자를 두는 것도 좋은 방법이다. 오픈채팅방에는 부운영자를 5명까지 설정할 수 있다. 평소에 열심히 적극적으로 참여하는 분에게 도움을 요청해 보자. 지인이나, 수강생 중에 재택 알바를 지원 받아서 고용할 수도 있다. 요청의 힘을 믿는다.

내가 요청하면 나를 도와주고 싶어 하는 사람들이 나타날 것이다. 모든 것을 혼자서 하려고 끙끙 거리기보다는 내가 잘 할 수 있는 것에 집중하고, 내가 잘하지 못하는 것은 위임하는 것이 좋다. 아웃소싱을 하는 것이다.

내가 잘하는 것들은 아래와 같다

책을 읽고 콘텐츠를 만들어내는 것
강의를 통해 사람들에게 용기와 희망을 주는 것
질문을 통해 상대의 강점을 발견하고 실행할 수 있게 돕는 것

내가 잘 못하는 것들은 아래와 같다.

포스터 디자인하기(망고보드, 미리캔버스가 있어서 다행이다.)
영상 편집하기(영상은 꾸미지 않고, 자르기만 하고 유튜브에 업로드 한다.)
정리정돈하기(사무실에 손님 초대를 위해 힘든 정리정돈을 매일하려고 노력 중이다.)

처음에는 혼자서 다 경험해보는 것이 좋다. 내가 기본적으로 할 줄 알아야 일을 맡기는 것도 쉽다.

Q28
사명과 비전이 무엇인가요?

나의 비전은 5년 안에 월 1천만 원 버는 메신저 100명 만들기이다. 실제 나에게 코칭을 받고 지식창업을 통해 온라인에서 월 1,000만 원 이상 매출을 낸 사례들이 생기고 있다. 누구나 보석을 갖고 있다. 난 그 보석을 찾아서 빛을 발하도록 돕고 있다. 아무리 보석이라고 말을 해도 스스로 돌덩이를 갖고 있다고 믿는 경우도 있다. 나의 지식과 경험은 누군가에 반드시 도움이 된다. 나는 이것이 보석이라고 생각한다. 하지만, 많은 초보 메신저들이 자신의 보석의 가치를 스스로 믿지 못하고, 무료로만 나눠주는 것을 너무 많이 보았다.

나는 메신저 학교를 세울 것이다. 이 시대에 필요한 교육을 제공하고 싶다. 삶을 살아가는데 필요한 교육을 말이다. 지금 당장 필요하지 않는 기술들을 배우느라. 시간을 낭비하는 많은 경우들을 보아왔다.

나의 사명은 자기계발 전문 강의를 통해 성공을 돕는 것이다. 힘들고 어려운 시간을 자기계발 강의를 통해서 극복했다. 이제는 내가 자기계발 강의를 통해 힘들고 어려운 사람들의 성공을 돕고 싶다.

Q29
바인더를 통해 어떻게 시간 관리하고 계세요?

3P바인더를 통해서 시간을 매일 기록한다. 주간계획표를 작성하는 것보다 중요한 것은 월간 계획표를 작성하는 것이다. 숲을 보고 나무를 본다. 한 달에 대한 계획을 한 달 전에 미리 세운다. 전체를 보며 움직인다. 철저히 목표를 생각하고, 그 목표를 이루기 위해서 나는 이번 달에 무엇을 할 것인지를 계획한다.

나는 목표 중심으로 행동한다. 지금 나의 월 매출목표는 3,000만 원이다. 목표를 월간 바인더의 제일 상단에 기록을 한다. 그리고 그 목표를 이루기 위해서 무엇을 해야 할지를 적는다.

누구를 만나야 하는지?
어떤 책을 읽어야 하는지?
어떤 강의를 들어야 하는지?
어떤 일을 해야 하는지?

모두 떠오르는 대로 적는다. 그리고 일정에 배치를 시킨다. 목표에서만 그치면 목표가 달성이 될 수 없다. 목표를 이루기 위해서는 행동이 따라야 한다. 만다라트를 이용하는 것도 추천한다.

성공노트와 실패노트를 기록해보자. 목표를 이루었을 때는 왜 목표를 이루었는지? 목표를 이루지 못했을 때는 왜 이루지 못했는지를 기록으로 남긴다. 잘 되는 방법은 지속하고, 잘 되지 않았던 방법은 개선시켜 나간다. 성과를 내기 위해서는 피드백이 중요하다. 무조건 앞으로만 나아가는 것이 아니라. 잠깐 멈춰 나의 방향을 점검하는 시간을 갖는다. 그것이 나에게는 바인더를 쓰는 시간이다. 나에게 바인더란 내비게이션이다. 어디로 나아가야 할지와 지금 내가 무엇을 해야 할지를 알려주는 삶의 나침반과 같은 도구이다.

시간 계획표를 작성하는 이유는 시간의 계획을 세우고 움직이기 위함이다. 돈보다 중요한 것은 시간이다. 돈을 관리하기 위해서 가계부를 쓰듯이, 시간을 관리하기 위해서 시간의 가계부인 바인더를 쓰고 있다. 나는 2011년부터 3P바인더를 쓰면서 시간관리 훈련을 해왔다. 항상 시간을 계획하고 움직인다.

강의 일정 계획도 한 달 전에 미리 한다. 외부 강사를 섭외하고, 중요 일정들을 한 달 전에 미리 다 일정표에 배치를 시킨다. 새로운 일정들은 기존의 일정과 겹치지 않게 배치를 시킨다. 바인더는 나의 시간관리 비서 역할을 똑똑히 해준다.

모집에 대한 글을 올릴 때는 최소 3주 전에 공지를 올리는 것이 좋다. 사전에 공지를 올려서 많은 사람들이 관심을 갖고 참여를 하도록 한다. 코로나 덕분에 온라인 강의가 많아졌다. 뷔페처럼 골라 먹을 수 있다. 참여자들이 관심 있는 주제라도 일정이 맞지 않으면 들을 수 없다. 그래서 전체 한 달 일정을 미리 공지하는 것이 좋다. 메신저는 사람을 상대하는 일이다. 많은 사람들과의 관계를 하는 데 있어서 중요한 것은 시간약속이다. 시간개념이 없는 사람은 메신저로 성공하기 힘들다. 약속 시간 10분 전에 도착하고, 타이머를 활용해서 시간을 밀도 있게 사용하고 있다.

(구글 화이트보드 타이머 추천)

Q30
나만의 콘텐츠를 만드는 방법. 책 쓰는 방법이 궁금해요.

자신이 관심 있는 한 분야의 책을 10권정도 깊이 있게 읽는다. 새로운 책을 읽는 것보다 좋은 책, 나 자신에게 맞는 책을 반복해서 읽는 것이 더 좋다. 반복해서 읽을수록 책의 내용이 내 것이 된다. 예를 들어 스피치 강의를 하고 싶다면, 스피치와 관련한 책 10권을 읽는다. 그 중에서도 자신의 경험과 비슷한 내용이 있다면, 나 자신도 그 내용에 대한 추가 설명을 할 수 있다. 책은 마중물의 역할을 할 뿐이다. 우리 안에 잊고 있었던 나의 경험들을 불러내는 역할을 한다.

메신저에게 중요한 것은 나만의 경험이다. 나는 그것을 책을 읽으며 떠올린다. 잊고 있었던 과거의 경험들이 책일 읽다 보면 불현듯 떠오르게 된다. 떠오르는 생각들, 아이디어들을 빠르게 메모를 한다. 그래서 나는 항상 책을 읽을 때 책에 메모를 많이 한다. 책은 메모장이다. 메모를 많이 하면 뇌가 활성과가 된다. '손뇌'라는 말처럼 책을 읽을 때도 눈으로만 읽는 것이 아니라. 손을 많이 사용하면서 읽는 것이 좋다.

나의 지식과 경험은 암묵지로 존재한다. 나 자신만 알고 있는 것이다. 그것을 형식지로 바꾸어야 한다. 형식지로 만들기 좋은 방법은 글을 쓰는 것이고, 강의를 하는 것이다. 나는 글을 쓰는 것보다 말로 설명하는 것이 더 편하다. 그래서 나는 강의를 먼저 하고, 그 내용을 녹음한다. 녹음한 내용을 들으면서 타이핑을 한다. 이렇게 하면 글 쓰는 속도를 빠르게 할 수 있다. 강원국 저자의 《나는 말하듯이 쓴다》라는 말처럼 말을 하듯이 책을 쓰는 것이다.

명확한 대상이 있으면 글을 쓰는 것이 더 수월하다. 앞에 한 사람이 있다고 생각한다. 내가 정한 그 한 사람에게 이야기 하듯이 글을 쓴다. 이것을 '페르소나' 기법이라고 이야기를 한다. 나는 10년 전에 처음 강의를 시작하려고 고군분투하던 나에게 하고 싶은 말을 기록했다. 너무 많은 돈과 시간을 낭비했다. 메신저 사업을 오랫동안 하면서의 깨달음을 이 책을 읽는 당신은 하지 않았으면 좋겠다. 나는 처음 시작하는 메신저들을 돕고 싶은 마음이 크다.

나의 지식과 경험은 누군가에게는 반드시 도움이 된다. 나 같이 평범하고 부족한 사람도 글을 쓰고, 책을 내고, 강의를 하고, 코칭을 하고, 평균적으로 월 2,000만 원 이상의 수익을 내면서 사람들에게 인정받는 삶과 물질적인 만족을 누리며 살아가고 있다. 당신이라고 못할 것이 없다. 안 된다고 부족하다고 생각하니까. 메신저 사업, 지식창업을 시작하지 못하는 것이다. 나의 글이 당신에게 희망이 되었으면 좋겠다. 용기를 주었으면 좋겠다. 나도 할 수 있겠다. 박현근 코치가 했다면, 나는 더 잘할 수 있다고 결단하고 시작해보라. 그러면 세상이 달라 보이기 시작할 것이다. 결단하고, 움직여라. 나는 세계 최고의 메신저가 되겠다고 외치고 이제 시작하라.

글을 쓸 때는 항상 좋아하는 책을 펴 놓고 글을 쓴다. 나에게 책은 마중물이다. 좋은 책을 읽었다면 반드시 좋은 글을 쓸 수 있다. 나는 좋은 문장을 보면, 반드시 한 번 더 여백에 따라 써본다. 그리고 좋은 키워드를 발견하면, 메모해두고, 글을 쓸 때 인용을 한다. 메신저에게 독서는 호흡과도 같다. 책을 읽어야 메신저로 계속 살아갈 수 있다. 배움을 멈추는 것은 죽은 것이다. 자신이 알고 있는 조금의 지식이 전부가 된 것처럼, 새로운 것을 배우기를 멈추면 안 된다. 끊임없이 인풋하고, 새로운 아웃풋을 해야 한다.

전문가라서 책을 쓰는 것이 아니다. 책을 쓰면 전문가가 되는 것이다. 전문가라서 메신저 사업을 시작할 수 있는 것이 아니다. 3살의 선생님은 5살의 형이다. 내가 먼저 아파봤고, 힘들어봤고, 실패해봤고, 넘어져봤기 때문에, 후발주자 메신저들이 실패를 하지 않도록 도울 수 있는 것이다. 타인을 돕기 위한 글은 생명력이 강하다. 책을 쓰고 싶다면 글을 써야 한다. 나의 글쓰기 멘토 이은대 저자는 말했다.

"매일 글을 쓰면 책이 됩니다."

책을 쓰고 싶다고, 올해는 반드시 책을 쓰겠다고 각오를 하면서도 글은 쓰지 않는다. 말로만 책을 쓴다고 하는 메신저들이 많다. 완벽하게 시작하는 것이 아니다. 초고는 쓰레기다. 일단 부족한 글을 쓴다. 나의 수준까지만 글을 쓸 수 있다. 일단, 한 줄을 쓰고 나면, 그 다음에 문장이 생각이 난다. 완벽하게 기획하고 준비해서 쓰려고 하니 책 쓰기가 부담이 되는 것이다. 나는 책 쓰기에는 3단계 공식이 있다고 말한다.

첫째, 독서하기. 독서를 통해서 글감을 찾는다. 좋은 문장, 좋은 단어, 독서를 하다 보면 이 내용은 나도 설명할 수 있겠다는 부분이 있다. 그 부분을 각색한다. 나에게 맞게 나의 경험을 넣어서 편집을 한다.

둘째, 메모하기. 책을 읽을 때는 반드시 메모를 한다. 독서노트를 쓰는 것을 추천한다. 책의 여백에 먼저 메모를 하고, 블로그, 에버노트, 노션(Notion) 등으로 독서노트를 정리해서 공유한다. 책을 읽었다면 결과물이 있어야 한다. 독서노트를 쓰면 글쓰기 실력도 늘어나게 된다.

셋째, 글쓰기. 공개하는 글쓰기를 추천한다. 블로그나 브런치에 글을 쓰는 것이다. 공개하는 글을 쓰면 정제된 글을 쓰게 된다. 완벽하게 시작하지 말자. 일단 시작하고, 완벽을 갖춰나가자. 블로그에 쓴 글들을 모아서 한글에 붙여 넣자. 10포인트 기준으로 A4용지 100장을 쓰면 책의 초고가 만들어진다. 나의 지인도 네이버 블로그에 매일 칼럼을 쓴 글을 모아 책을 출간했다. 매일 글을 쓰면 반드시 책이 된다.

씨를 뿌리지 않기에 열매를 맺을 수 없는 것이다. 초고가 완성이 되었다면, 출판사에 메일을 보내자. 거절을 당할 수도 있고, 계약을 하자는 연락이 올 수도 있다. 실패를 두려워하지 말자. 출간계약을 하게 되면, 출판사와의 미팅을 통해서 책을 출간할 수 있다.

책을 읽고 싶어 독서모임을 만들었다. 글을 쓰고 싶어 글쓰기 모임을 만들었다. 지금 이 글도 새벽 6시 글쓰기 모임 중에 쓴 글이다. 줌을 켜고, 함께 모여 아침마다 책을 읽고 글을 쓴다. 아직도 코로나 때문에 나의 일상이 망가졌다고 생각하는가? 코로나 때문이 아니라. 코라나 덕분에 내가 할 수 있는 것들을 찾자. 나의 생각이 달라지면 세상도 달라지기 시작한다.

| 마치는 글 |

전국을 다니는 강사가 되고 싶어 종이 위에 전국을 다니는 강사라고 쓰고, 인원수에 연연하지 않고, 진정성을 가지고 강의했다. 제주도에서도 인연이 되는 분들이 생겨 오늘은 제주도로 저자 특강을 하러 가는 길이다.

아침 비행기를 타기 위해서 김포공항으로 향한다. 강의를 다닐 때 항상 가방을 2~3개씩 가지고 간다. 책과 바인더, 노트북. 하나라도 직접 보여드리고 싶은 마음에 무거운 가방들을 챙겨 집을 나선다. 항상 지하철로 이동을 했는데, 요즘 잦은 강의로 체력이 많이 떨어져서 오늘 처음으로 택시를 타고 공항으로 향했다. 지하철로 무거운 짐을 들고 오지 않고, 택시를 타고 승차장에 바로 도착할 수 있어 감사하다.

식당에서 간단하게 아침 식사를 한다. 강의를 다니면서 밥은 항상 혼자 먹는다. 어릴 때부터 부모님이 맞벌이하셔서 혼자 밥 먹는 시간이 많았다. 이제는 혼자 먹는 밥이 더 편하게 느껴진다. 항상 시간에 쫓겨 샌드위치를 먹거나, 김밥을 먹는데, 오늘은 이렇게 식당에 앉아 여유롭게 아침밥을 먹을 수 있어 감사하다.

탑승 절차를 밟기 위해서 검색대에 섰다. 주머니의 스마트폰, 이어폰 등을 꺼내고 차고 있던 시계를 풀었다. 안전 검색 요원이 "시계는 차고 계셔도 괜찮습니다."라고 했다. 다시 시계를 차려는 순간, 시계가 바닥에 툭 떨어졌다. 시계 액정이 바닥에 부딪히면서 깨졌다. 인터넷으로 액정만 수리할 수 있는지 알아보니 액정만은 수리가 안 되고 리퍼를 받아야 하는데 금액이 50만 원이 넘는다고 한다. 예전 같았으면 바보같이 덜렁이는 나 자신에게 욕을 하고 화를 내고 내 감정이 흔들렸을 것이다. 이제는 많이 태연해졌다. 더 좋은 일이 생기려나 보다. 다치지 않아서 다행이다. 시계는 또 사면되지 뭐. 애써 긍정의 말을 해본다. 아픈 마음을 글로 써본다. 그래도 오늘은 내가 좋아하는 제주도에 가서 강의도 하고, 좋은 분들에게 나의 책을 소개하는 시간을 가질 수 있어 감사하다.

무슨 일이든 사람이 마음먹기에 달려 있다. 나의 삶을 돌이켜 보면 힘들고, 아프고, 고통스러운 시간, 상처투성이였다. 이 깨진 시계처럼, 상처 난 조각들뿐이었다. 이제는 나 자신을 더 사랑하고, 다른 사람의 성장을 돕고, 나의 변화로 다른 사람들에게 용기와 희망을 전하는 사람이 되고 싶다.

선한 사람이 되고 싶다고 바라면 선한 사람이 될 것이고, 부자가 되고 싶다고 바라면 부자가 된다. 또 학자가 되고 싶다면 학자가 될 수 있다. 다만 그러면 필요한 것은 목적하는 것과 양립할 수 없는 여러 가지 일을 버리고, 목적한 것만을 진실로 염원해야 된다.

내가 원하는 모습이 되기 위해서 포기해야 할 것들은 포기해야 한다. 시간은 한정적이다. 모두가 24시간을 살아간다. 어떤 사람은 성공하는 삶을 살아가지만, 어떤 사람은 평범한 삶을 살아간다. 성공한 사람들의 공통점은 분명한 목표가 있다. 자신의 목표를 시각적으로 구체화 시킨다. 종이 위에 기록한다. 지금 내가 해야 할 일을 분명히 안다. 목표에서 벗어난 일은 버릴 줄을 아는 사람들이다. 모든 것을 하기에 시간은 충분하지 않다. 목표에 방향을 맞춰 제거해야 할 일들을 제거해야 한다. 제거한다는 것은 아픔이 있다. 고통이 따른다. 힘이 든 일이다. 하지만, 목표를 향해 전진하기 위해서 버려야 하고 그것들을 제거해야만 한다.《초격차》 책에서 하지 말아야 할 목록도 중요하다는 것을 보았다. 목표를 위해 내가 하지 말아야 할 일은 거리를 두어야 한다.

고교중퇴 배달부 10년 차인 내가 가진 목표는 메신저! 단 하나였고 그 길만 보고 오늘까지 쉼 없이 달려왔다. 아무것도 모르던 시절 나를 생각해 보면 안타까운 마음에 이 책을 쓴다. 나와 같은 사람들이 더는 힘들지 않길 바라는 마음에서다.

자기계발에 6,000만 원 이상을 투자했고, 2012년부터 9년째 자기계발에 투자를 아끼지 않고 배울 곳이 있다면 어디든지 가서 배웠다. 수많은 자기계발 서적을 읽으면서 연구하고, 마케팅하면서 시행착오를 했다. 메신저가 되고 싶은 모든 이를 돕고 싶다.

강의를 통해서 누구든지 자신의 지식과 경험을 나눠주면서 물질적인 만족과 인정받는 삶을 살 수 있다는 것을 경험했기 때문이다. 아무것도 모르고 강의를 시작하면서 수많은 실패를 했기에 시작하는 분들이 실패하지 않도록 돕고 싶다. 좌충우돌은 나 혼자 겪어도 충분하지 않은가. 부디 이 책을 무기로 당신도 나를 뛰어넘는 메신저가 되길 진심으로 응원한다.